知らないと恥をかく世界の大問題3

池上 彰

角川SSC新書

はじめに

2011年の東日本大震災から1年が過ぎても、復興の見通しは見えてきません。被災地から出る膨大ながれきの処理も、受け入れる自治体が少なく、遅々として進みません。日本は、どうしてこうも物事が進まないのか。大震災の後、これで日本は大きく変わるかもしれないと考えたのですが、やはり変わりませんでした。いや、変わろうとしない人たちや組織が多すぎたというべきでしょう。

その代表格が、永田町の政治家たちです。被災地のことを考えたら、一刻も早く復興の筋道を立て、資金を投入しなければならないのに、相変わらずの政争に明け暮れています。

これにあきれ、政治に絶望する人たちがいる一方、独裁的な手法で局面を打開しようとする政治潮流も生まれています。その気持ちはわかりますが、いささか危うさも感じてしまいます。

日本が直面する大きな課題がエネルギー問題です。東京電力福島第一原子力発電所（原発）の事故以降、日本全国の原発は、点検時期を迎えて、次々に運転を停止しました。結果としての「脱原発」です。政治が「脱原発」の方針を打ち出したのではなく、時期が来たので運転を停止するという形で、「脱原発」の時期が到来しました。まことに日本的解決法です。自ら決断せず、解決を先送りしているうちに追い込まれ、既成事実として受け入れる。それがまた、繰り返されているのです。

日本が変わらないのに、世界は大きく動いています。中東アラブ諸国の独裁政権が次々に崩壊する「アラブの春」は、さながら「ベルリンの壁」崩壊の中東版のようです。永遠に続くかに見えた独裁政権も、あっという間に崩壊してしまう。これが政治のダイナミズムです。

しかし、「アラブの春」は、大規模な流血を見ずに進んだチュニジア、エジプトのようなケースもあれば、内戦に陥ったリビア、シリアの例もあります。

「アラブの春」を見て、民主化に大きく舵を取ったミャンマーのような国もあれば、民衆の一層の抑圧・管理に走ったイランや中国のような例もあります。

さらには、全く〝わが道を行く〟北朝鮮のような存在もあります。金正日《キムジョンイル》総書記の突然の死で、準備が十分できていないまま国家の指導者になってしまった金正恩《キムジョンウン》氏。米朝合意によってアメリカからの食糧支援を取り付け、経済発展を目指すかに見えたのですが、突然の「人工衛星」打ち上げ宣言。怒ったアメリカは、食糧支援を中止。北朝鮮は国際的孤立の道を進んでいます。

北朝鮮が主張する「人工衛星打ち上げ用ロケット」は失敗に終わりましたが、技術的にはミサイルそのものです。先端に人工衛星を搭載すれば「ロケット発射実験」ですが、代わりに原子爆弾を積めば、核弾頭ミサイルになります。金正日総書記は、生前に、この実験の実施を決めていました。となると、遺訓は守らなければなりません。死せる金正日が、息子の金正恩を動かしているのです。金正恩の下で、北朝鮮は、どこに進むのか。〝仮免許運転中〟の金正恩の今後の動向に注目です。

2012年は世界のリーダーが変わります。ロシアはプーチン首相が大統領に返り咲き、中国では共産党のトップが交代します。そしてアメリカ。11月の大統領選挙を前に、共和党は、〝オバマに勝てる候補〟を選ぼうと必死。ミット・ロムニー氏が登場しました。そこで見えてくるのは、〝民主主義国家アメリカ〟の姿です。IT技術の時代なのに、最寄りの学校や教会に集まった人たちが、あり合わせの投票用紙に候補者の名前を書き、自分たちの1票で大統領候補を選ぼうとしているのです。日本の常識では計り知れない政策を打ち出す候補者がいるのもアメリカですが、民主主義の原点を大切にする巨大な民主主義国家というのも、アメリカのもうひとつの顔なのです。

一時は「リーマン・ショックの再来か」と心配されたユーロ危機は、結局、ギリシャが国債の一部を棒引きしてもらう形で決着しました。つられて日本の東京証券取引所でも株価が上昇しました。ユーロ危機が遠のいた途端、ニューヨーク株式市場は急上昇。しかし、その後もユーロを取り巻く情勢は不安定さが続いています。

激動の2011年から復興の2012年という姿になるのかどうか。希望だけは持ちたいのですが。

ジャーナリスト　池上　彰

2012年4月16日

目次

プロローグ　この目で見た世界の大問題
～世界中の民衆がモノを申し始めた～

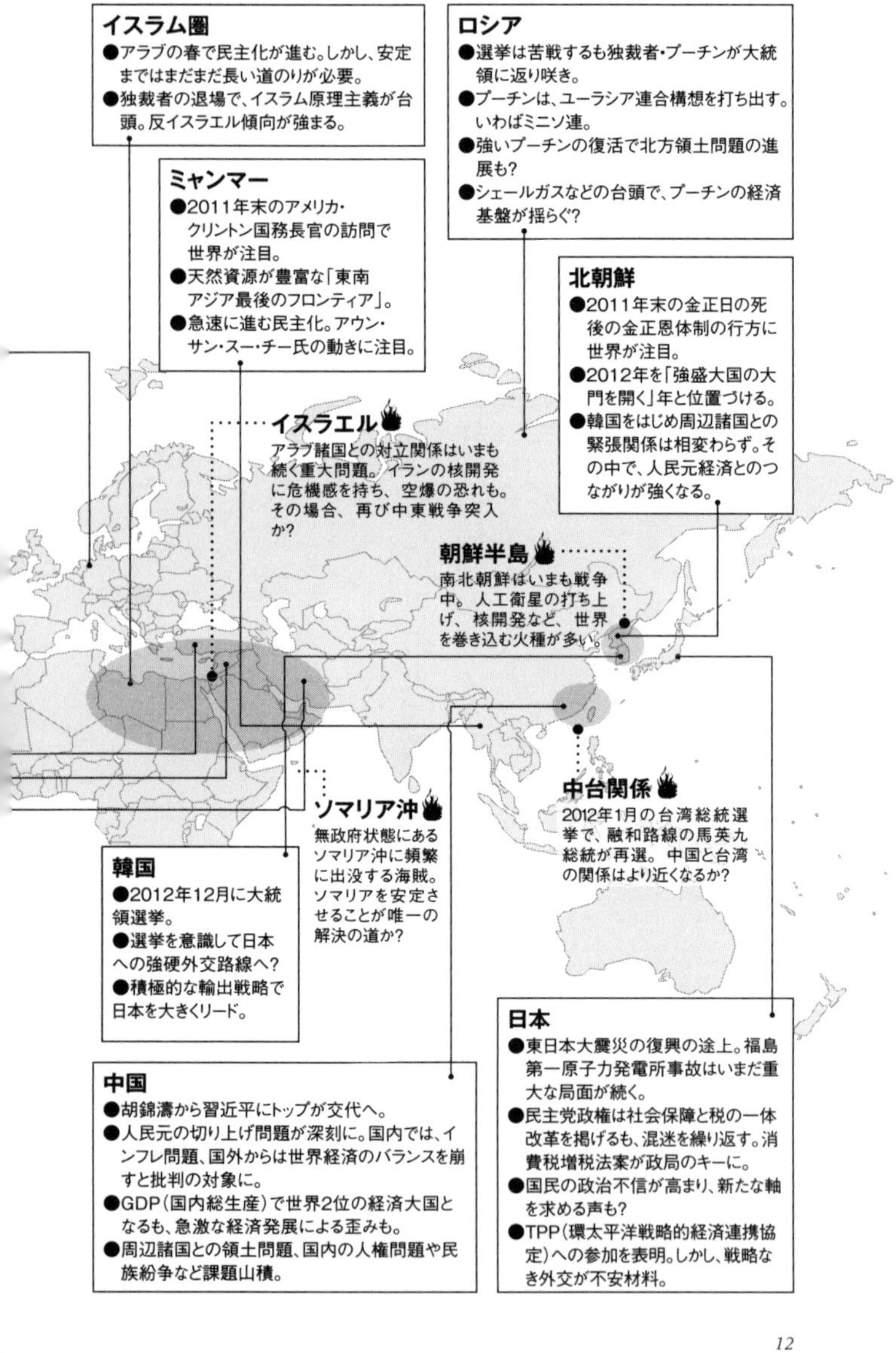
イスラム圏
●アラブの春で民主化が進む。しかし、安定まではまだまだ長い道のりが必要。
●独裁者の退場で、イスラム原理主義が台頭。反イスラエル傾向が強まる。
ロシア
●選挙は苦戦するも独裁者・プーチンが大統領に返り咲き。
●プーチンは、ユーラシア連合構想を打ち出す。いわばミニソ連。
●強いプーチンの復活で北方領土問題の進展も?
●シェールガスなどの台頭で、プーチンの経済基盤が揺らぐ?
ミャンマー
●2011年末のアメリカ・クリントン国務長官の訪問で世界が注目。
●天然資源が豊富な「東南アジア最後のフロンティア」。
●急速に進む民主化。アウン・サン・スー・チー氏の動きに注目。
北朝鮮
●2011年末の金正日の死後の金正恩体制の行方に世界が注目。
●2012年を「強盛大国の大門を開く」年と位置づける。
●韓国をはじめ周辺諸国との緊張関係は相変わらず。その中で、人民元経済とのつながりが強くなる。
イスラエル
アラブ諸国との対立関係はいまも続く重大問題。イランの核開発に危機感を持ち、空爆の恐れも。その場合、再び中東戦争突入か?
朝鮮半島
南北朝鮮はいまも戦争中。人工衛星の打ち上げ、核開発など、世界を巻き込む火種が多い。
中台関係
2012年1月の台湾総統選挙で、融和路線の馬英九総統が再選。中国と台湾の関係はより近くなるか?
ソマリア沖
無政府状態にあるソマリア沖に頻繁に出没する海賊。ソマリアを安定させることが唯一の解決の道か?
韓国
●2012年12月に大統領選挙。
●選挙を意識して日本への強硬外交路線へ?
●積極的な輸出戦略で日本を大きくリード。
日本
●東日本大震災の復興の途上。福島第一原子力発電所事故はいまだ重大な局面が続く。
●民主党政権は社会保障と税の一体改革を掲げるも、混迷を繰り返す。消費税増税法案が政局のキーに。
●国民の政治不信が高まり、新たな軸を求める声も?
●TPP(環太平洋戦略的経済連携協定)への参加を表明。しかし、戦略なき外交が不安材料。
中国
●胡錦濤から習近平にトップが交代へ。
●人民元の切り上げ問題が深刻に。国内では、インフレ問題、国外からは世界経済のバランスを崩すと批判の対象に。
●GDP(国内総生産)で世界2位の経済大国となるも、急激な経済発展による歪みも。
●周辺諸国との領土問題、国内の人権問題や民族紛争など課題山積。

大国のリーダーが一気に交代、国際情勢のターニングポイントの到来か？

20 世紀の覇権国家アメリカの転落から、世界のパワーバランスは大きく変化してきた。絶対的な世界のリーダーが不在のいま、大国、問題国のリーダーが一気に交代する可能性がある2012年。21 世紀の今後を占うターニングポイントを迎えつつあるのだ。遠い国の話が、思いもよらぬ影響をもたらすグローバル時代。世界の情勢から目が離せない。

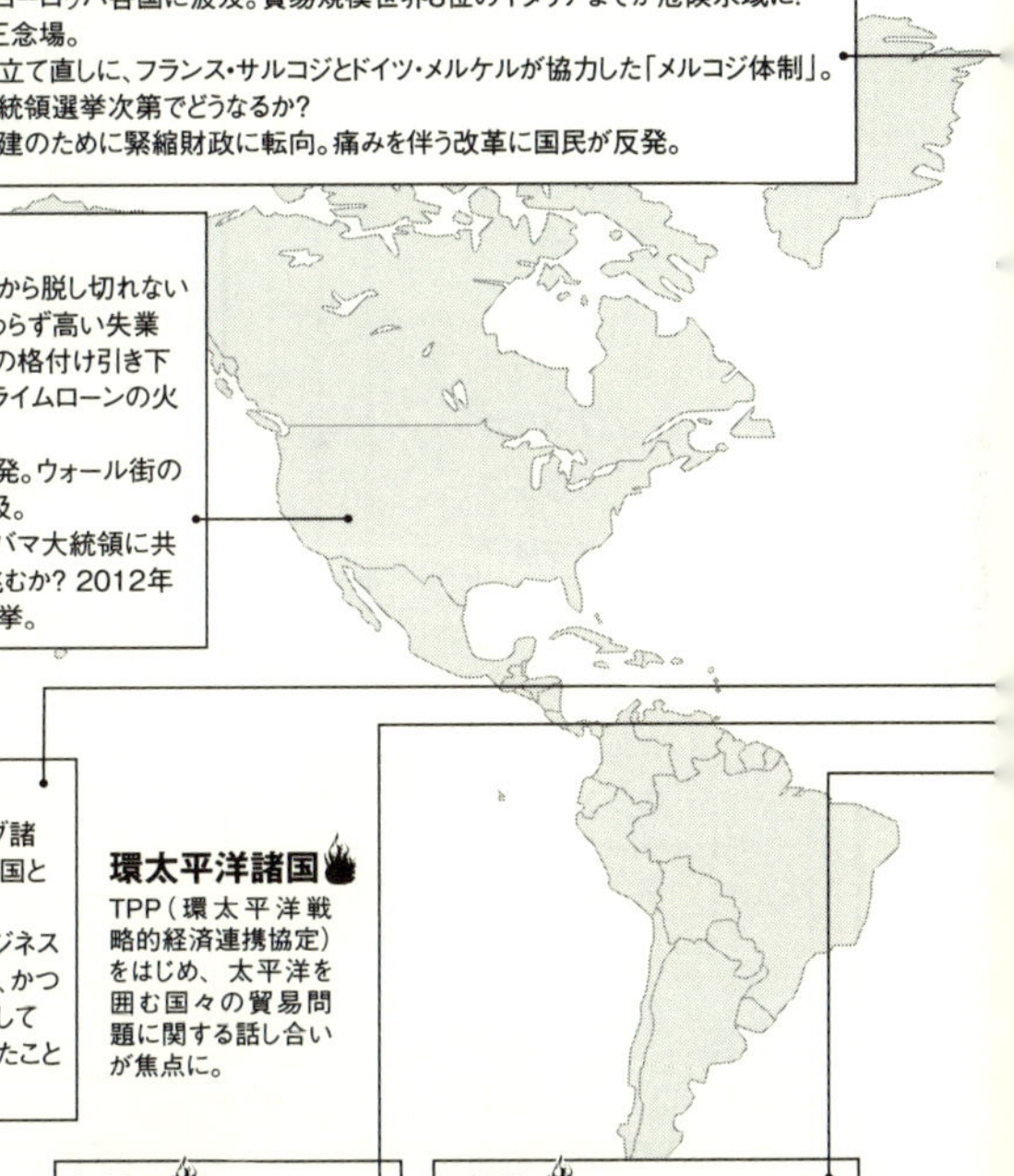

ヨーロッパ

- ギリシャショックがヨーロッパ各国に波及。貿易規模世界8位のイタリアまでが危険水域に! ユーロ経済圏の正念場。
- ヨーロッパ経済の立て直しに、フランス・サルコジとドイツ・メルケルが協力した「メルコジ体制」。しかし、フランス大統領選挙次第でどうなるか?
- イギリスが財政再建のために緊縮財政に転向。痛みを伴う改革に国民が反発。

アメリカ

- リーマン・ショックから脱し切れない経済状況。相変わらず高い失業率とアメリカ国債の格付け引き下げ。第2のサブプライムローンの火種も。
- 格差社会への反発。ウォール街のデモが世界に波及。
- 2期目を目指すオバマ大統領に共和党候補がどう挑むか? 2012年11月に大統領選挙。

トルコ

- ヨーロッパとアラブ諸国をつなぐ重要な国として注目。
- ヨーロッパ的なビジネスノウハウの蓄積と、かつてオスマン帝国としてアラブを治めていたことがポイントに。

環太平洋諸国

TPP（環太平洋戦略的経済連携協定）をはじめ、太平洋を囲む国々の貿易問題に関する話し合いが焦点に。

シリア

- アサド大統領による国民に対する弾圧。
- 資源国でないシリアには、なかなかNATO軍なども動かない。

イラン

- 核開発を進め、周辺諸国が反発。
- とくにイスラエルとの緊張関係が続く。
- 同じイスラム教国家ながらアラブ諸国はイランが嫌い。

両国は反イスラエル

いまどきの世界の大きな枠組みをまず理解する

先進国が世界を引っ張っていた時代はもう昔の話。
いまは世界の国々の関係が大きく変わっている。
まずは、いまどきの世界の国々の関係を把握しておこう。

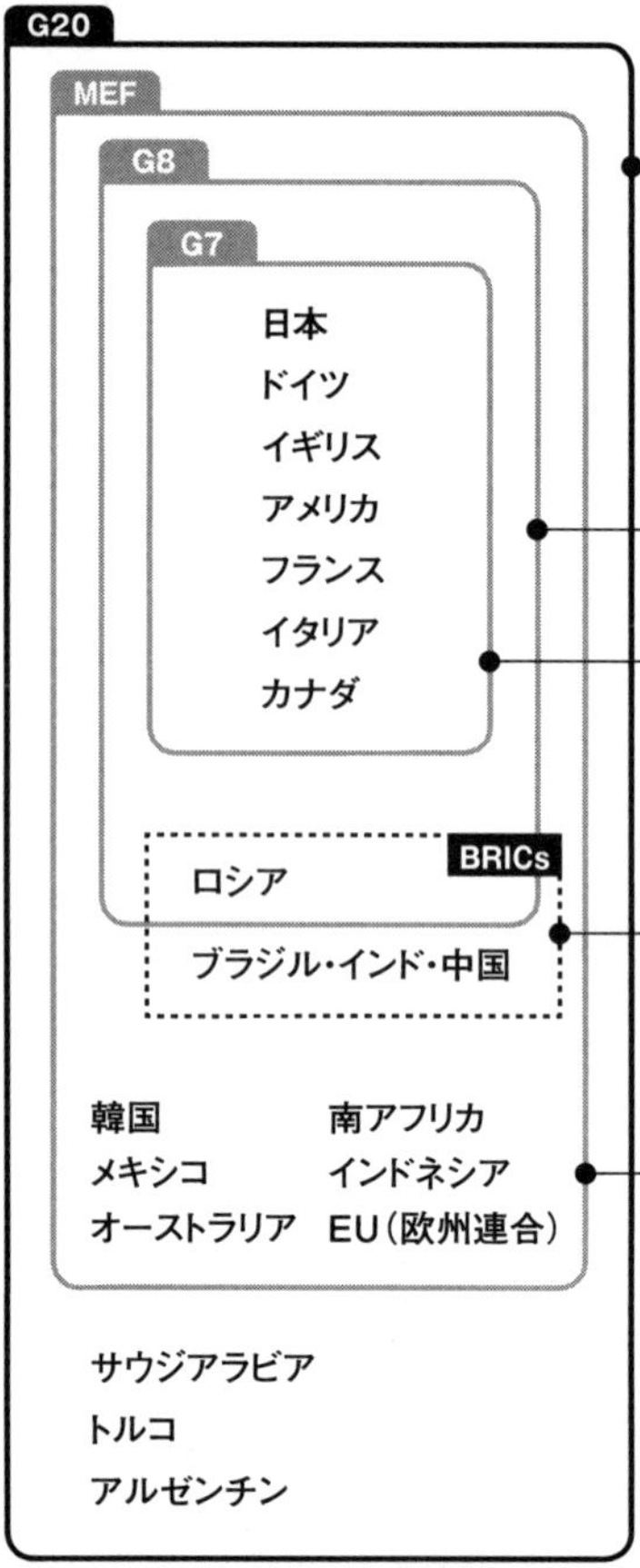

G20 Group of Twenty
（先進国や新興国など主要20カ国・地域）
G8だけでは世界の問題を解決することができないと考えた結果、世界の意思をまとめる新しい集まりができた。

G8 Group of Eight

G7 Group of Seven
かつてサミット（主要国首脳会議）はこの7カ国で開かれていた。1990年代に入り、ロシアも加わり、G8となった。

BRICs
いま勢いのある新興国の国名の頭文字を取ってBRICsと呼ばれている。

MEF Major Economies Forum
（主要経済国フォーラム）
エネルギーや気候について世界の主要国で話し合う。「地球温暖化問題」に関しては、1992年の地球サミットで採択された「気候変動枠組条約」の締結国が集まって、COP（Conference of the Parties、締約国会議）を毎年開催している。

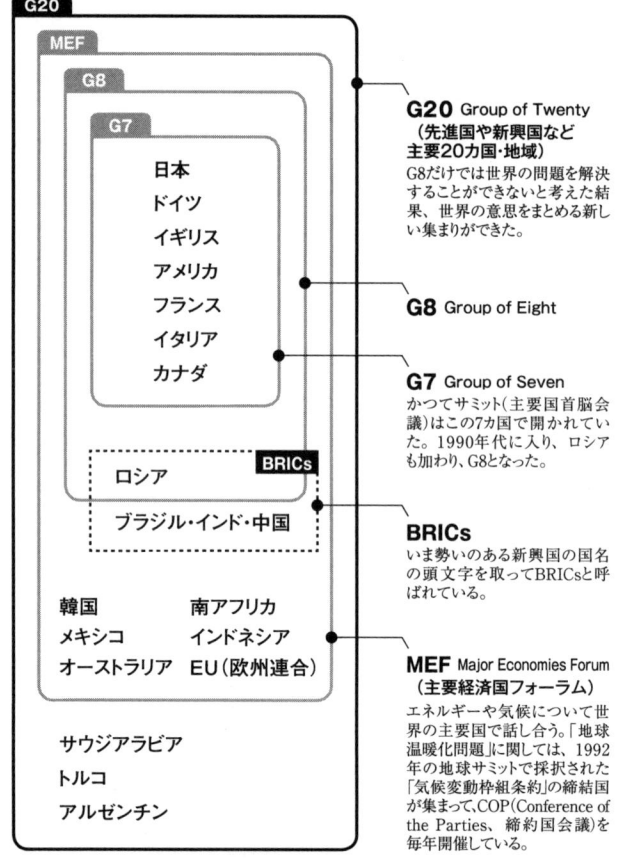

グローバル社会を調整する国際連合の役割

グローバル化が進むにつれて、国同士の問題、
世界全体に関わる問題などが増えてきている。グローバル時代のいま、
国際連合（国連）の果たす役割は大きくなってきているのだ。

国際連合

以下の6つの主要機関と、関連機関、専門機関からなる国際組織。

経済社会理事会

経済・社会・文化・教育・保健の分野での活動を担当。

信託統治理事会

独立していない信託統治地域の自治・独立に向けた手助けを担当。

国際司法裁判所

国際的な争い事の調停を担当。

総会

2011年7月現在、加盟国は193カ国。この加盟国全てが参加する会議。各国が1票の表決権を持つ。年に一度、9月に総会が開かれる。

事務局

事務局長が、国連事務総長。現在は韓国出身の潘基文（パン・ギムン）。

安全保障理事会（安保理）

国際平和と安全に主要な責任を持つ。15カ国で構成される。常任理事国は拒否権をもつ。

●常任理事国（5カ国）

アメリカ

イギリス

フランス

中国

（中華人民共和国。1971年までの代表権は中華民国）

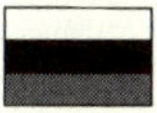
ロシア

（1991年まではソビエト連邦）

●非常任理事国

10カ国。総会で2年の任期で選ばれる。

※世界貿易機関（WTO）、国際原子力機関（IAEA）などの関連機関や、国際労働機関（ILO）、国際連合教育科学文化機関（UNESCO）、世界保健機関（WHO）、国際復興開発銀行（世界銀行）、国際通貨基金（IMF）などの専門機関がある。

グローバル時代の貿易問題

貿易に関する2つのスタイル

[**自由貿易**]
関税などの国家の介入を排除する ▶TPPなど

[**保護貿易**]
関税などによって他国の輸入品を制限し国内産業を守る

極端な保護主義は、世界経済を縮小させる。
第2次世界大戦の原因ともなった。

⬇

貿易による戦争を起こさないために
GATT（関税と貿易に関する一般協定）

⇩

WTO（世界貿易機関）
各国が争うことなく信頼関係を持って
貿易を行うための共通のルールを作る。

用語解説

●TPP
シンガポール、ニュージーランド、チリ、ブルネイの4カ国が2006年に結んだ太平洋地区の広域的な自由貿易協定（FTA）が始まり。現在はアメリカ、オーストラリアを含む9カ国が参加している。FTAの多国間バージョンのようなもの。

●ASEAN+3
東南アジア10カ国と日本、中国、韓国の3カ国（+3）で、経済協力や経済危機への対応などでの連携を目指す。

●APEC
アメリカ、ロシア、中国といった大国をはじめ、アジア太平洋の21カ国・地域が参加する経済協力の枠組み。2020年までに域内の貿易などの自由化を目指す。

●FTA
2つの国または地域間で、関税などの貿易上の障壁を取り除く決めごと。

●EPA
FTAをベースに、労働者の移動の自由化などを盛り込んだ決めごと。

太平洋を囲む国々の貿易をめぐる主導権争い

太平洋を囲む国々が、国を超えて、モノ、お金、人が自由に行き来できる枠組みをつくろうと模索している。しかし、そこには、2つの大国、アメリカと中国の激しい主導権争いが繰り広げられている。日本はどうする?

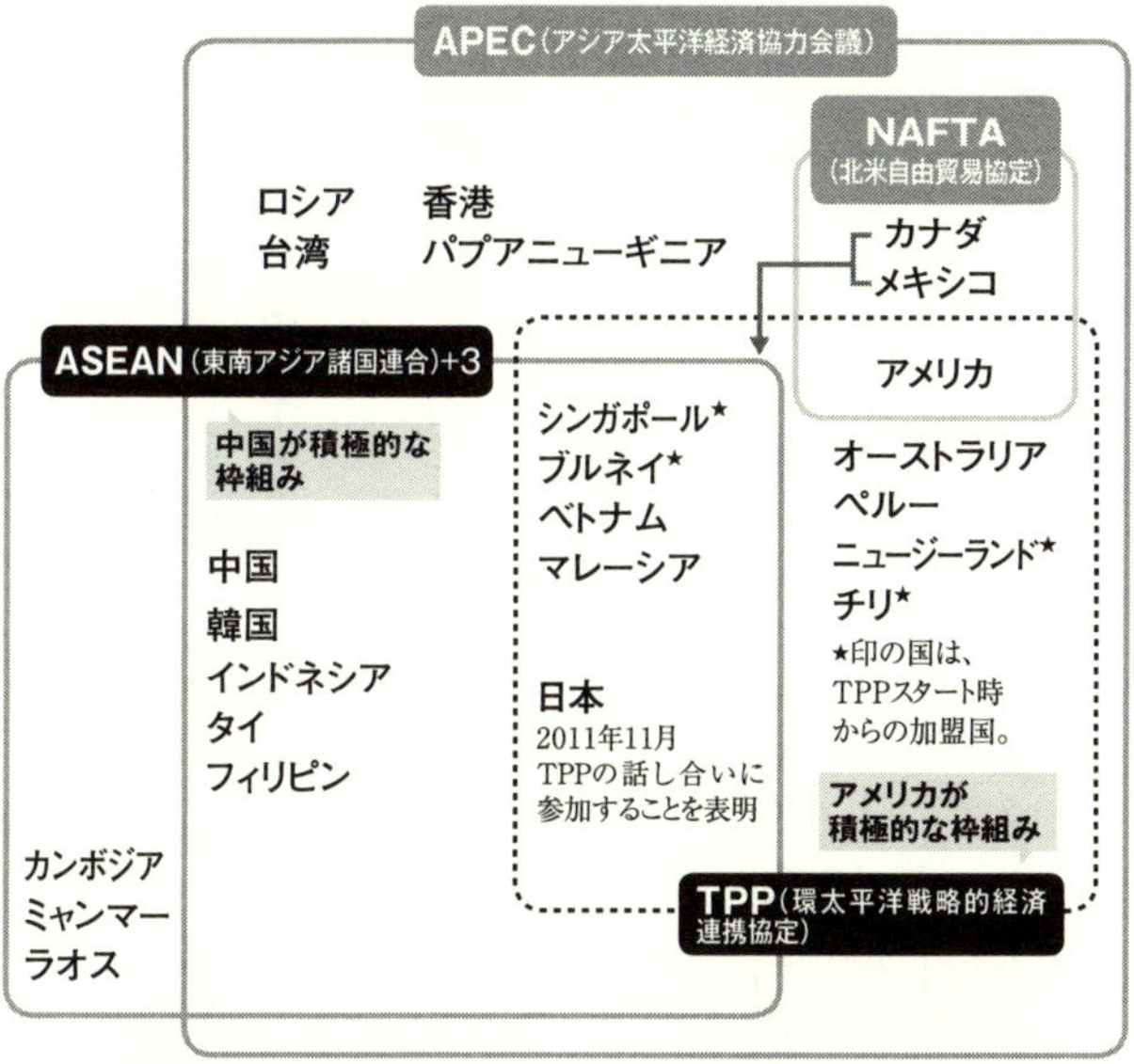

メルコスール

南米諸国連合

アメリカ経済に依存していた中南米諸国が、アメリカに頼らない枠組みをつくり、経済発展を目指す。

EU

欧州連合

言わずとしれたヨーロッパにおける経済協力体制。共通通貨ユーロを導入。しかし、欧州経済危機で正念場に。

■世界中の民衆が立ち上がった

２０１１年は「アラブの春」が大きなニュースになりました。**独裁国家では民主化運動**が広がる一方で、**民主（資本）主義国家では格差社会への抗議デモ**が起こり、**世界中の国民が政府に対して主張し始めた1年**でもありました。

規模の違いこそあれ、日本でも、反原子力発電所（原発）・脱原発デモやＴＰＰ（環太平洋戦略的経済連携協定）に反対するデモが相次ぎました。

２０１１年の４月以降、私はテレビ・ラジオのレギュラー番組を降板し、時間的な余裕ができたおかげで、世界を飛び回ることができました。手帳を見ると、３６５日のうち90日以上が海外でした。

その中で感じたことは、**日本、あるいは日本人は、とても世界で愛されている**ということです。

イラクのクルド人自治区では、ボランティアをしている日本人女性に会いました。彼女がタクシーに乗ると必ず「お前は中国人か？　韓国人か？」と聞かれるのだそうです。「日本人です」と言うと、運転手が「素晴らしい日本人から料金なんて受け取れない」と

世界中の民衆が
立ち上がり始めた
アラブの春
独裁者
民衆の不満
反民主的
独裁
独裁国家
Occupy
Wall Street
資本家
（富裕層）
1%
99%
民衆の不満
格差社会
資本主義国家

代金の受け取りを拒否されたことが2カ月で4回もあったといいます。**中東には親日家が多い**のです。「日本人だ」と言うと、コロッと態度が変わることは、私も経験しました。技術に対する信頼感も相当なものです。中東ヨルダンの首都アンマンでは、中古トラックに存在しない漢字のような文字が書いてありました。「日本語風」の文字が書いてあると、トラックが高く売れるのだそうです。アフリカのウガンダでも、見たことのない〝日本語〟が書いてある車にたびたび遭遇しました。

世界を取材する中でもうひとつ、池上流の〝独自理論〟を築きました。それは、「**食事のおいしくない国は戦争に強い**」です。

アメリカ大リーグで日本人選手が活躍できないのは食事がまずいからだ、などという人もいますが、あながちウソではないと思います。アメリカのアイオワ州に行ったときは、昼に巨大なハンバーガーを食べ続けながら、「世界最強の国である理由」を噛み締めました。イギリスが世界中に植民地を広げたのは、国民が、子どものころから、あの食事に慣れ、どこに行っても、「食事がまずい」と不満を漏らすことはないからではないか、というのが私の見立てです。

フランスやイタリアの軍隊が、これまでの大戦ですぐに負けたのも、ドイツがヨーロッパ最強の軍を誇ったのも、この理論で説明できます。この説が正しいとしたら、中国軍は、そんなに強くはないはずなのですが……。

そんな話はさておき、プロローグでは、実際にこの目で見た世界の現状を少しお話ししましょう。

■エルビルは第2のドバイ？

「そんな所へ行って大丈夫？」と心配されたのですが、どうしても行きたかったイラク。2011年の夏に行くことができました。

イラクには、2011年の12月までアメリカ軍が駐留していました。そもそも、アメリカ軍がなぜイラクにいたのか。

2003年3月、当時のアメリカのジョージ・W・ブッシュ大統領は、イラクのフセイン大統領が大量破壊兵器（核兵器や毒ガス兵器など）を密かに開発し、それが国際テロ組織のアルカイダに渡る危険性があるとしてイラク攻撃に踏み切ったからです。**実際には、**

そんな開発はしておらず、イラクの石油が目当てだったのではないかともいわれているのですが。

それ以降、アメリカ軍はイラクに駐留していましたが、「イラクの治安を維持できるだけのイラク軍が養成された」として、撤退しました。イラク駐留アメリカ軍は、たびたびのテロ攻撃を受け、死傷者が増大。アメリカ国内の世論が撤退論に傾き、オバマ大統領は「イラク軍撤退」を公約に掲げて大統領選挙で当選しました。公約を実行に移したのですが、軍を維持する費用がかかりすぎて、財政的にも限界に追い込まれていたのが真の理由です。

イラク北部にある**クルド人自治区の中心都市エルビル**では、「ここがイラクだろうか」と驚くほど、治安に問題はなく、気軽に外を出歩くことができますし、酒も飲めます。治安がよくて石油が出ることから、海外から多くの投資資金が入ってきて、巨大なショッピングセンターが次々にできていました。夏には外の気温が40℃を超えるのに、アイススケートリンクまであります。砂漠の中のアイススケートリンクは〝富の象徴〟です。ブランドショップも立ち並び、多くの家族連れでにぎわっていました。

ところが、イラクの首都・バグダッドはそうはいきません。バグダッド空港に着くと、防弾チョッキを着用。重武装の民間の警備会社の人に警護してもらい、防弾車に乗り込みました。車はトヨタ自動車の四輪駆動車を改造した防弾車。天井も床もドアも、全て鉄板で補強してあります。移動の際には隊列を組むのですが、先頭の車にはお客さんを乗せません。路肩に爆弾が仕掛けられている可能性があるからです。

宿泊は、イラク軍によって厳重に守られた「グリーン・ゾーン」と呼ばれる区画の中にある警備会社の宿舎。ここは周囲をコンクリートの塀で囲まれ、宿舎の窓の外には爆風を避けるための土嚢《どのう》が積んであります。中は安全なので防弾チョッキを脱ぐことはできるのですが、枕元にはヘルメットと防弾チョッキが置いてあります。グリーン・ゾーン内は安全でも、外からロケット弾が撃ち込まれることがあるので、空襲警報が鳴ればこれらを着用します。

私が泊まった日も、午前4時過ぎにロケット弾が近くに撃ち込まれました。空襲警報が鳴ったのに私は目が覚めず、ヘルメットが何の役にも立たなかった、というオチがついてしまうのですが。

エルビルもバグダッドも、どちらも私が見たイラクの現実です。

■「クルド人」とはどんな人？

厳重な警備をつけなければ外国人は外出もできないバグダッドと比べると、エルビルは別の国のようでした。

ではなぜ、クルド人自治区のエルビルの町だけがこんなに発展しているのでしょう。

まず、クルド人について説明しておきましょう。クルド人とは、**世界最大の「祖国を持たない民族」**といわれています。人口は２０００万人を超えるのですが、イラク、トルコ、イラン、シリア、アルメニアなどに分散していて、それぞれの国では少数派。各国で抑圧されてきました。

もともとは、これらの国々にまたがる**国境地帯「クルディスタン」（クルド人の土地）**に住んでいたのですが、**民族に関係なく国境線が引かれてしまった**ため、こんな状態になったのです。

イラク国内では、北部にクルド人が住んでいます。１９８０年代のイラン・イラク戦争

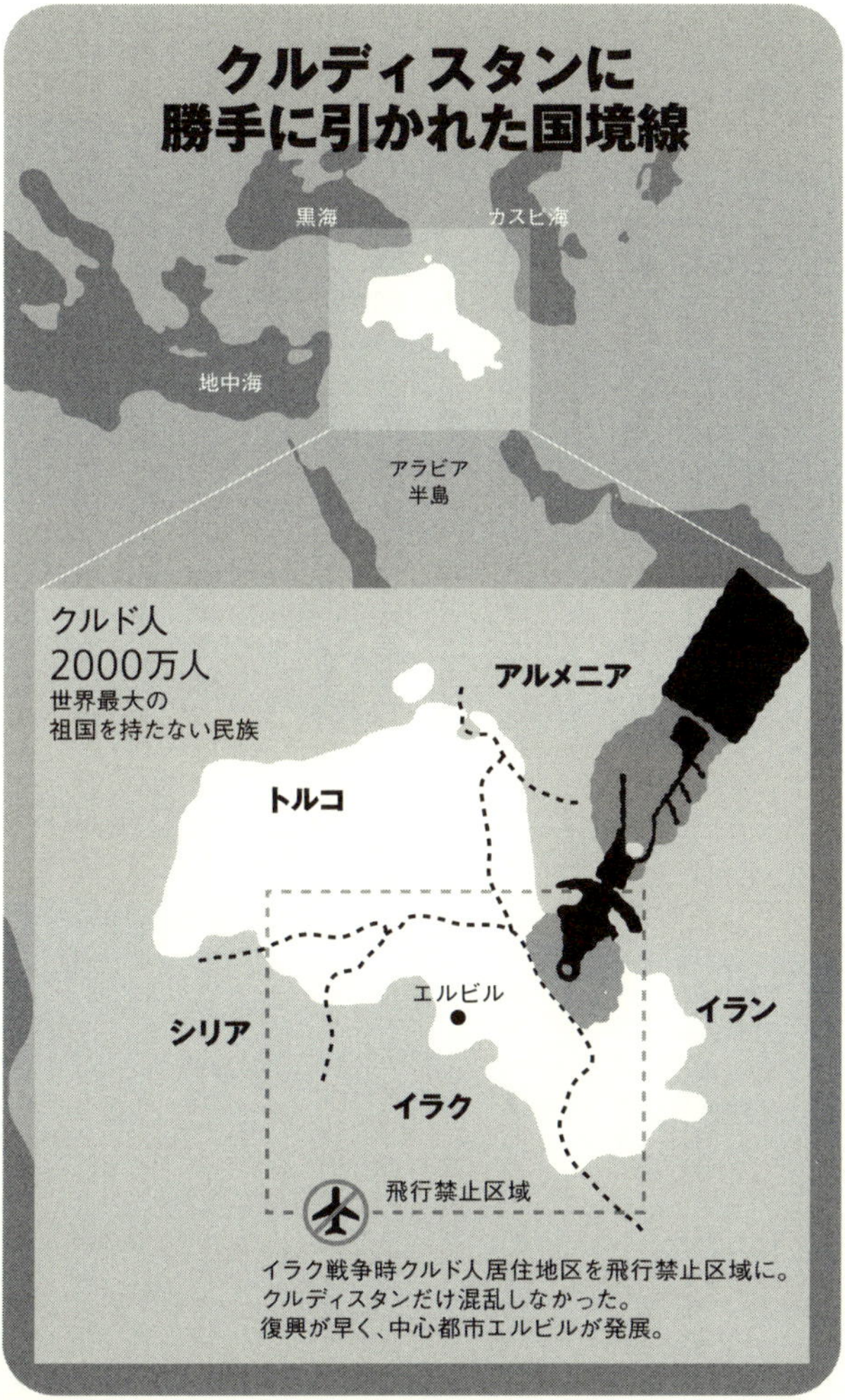
クルディスタンに
勝手に引かれた国境線
黒海
カスピ海
地中海
アラビア
半島
クルド人
2000万人
世界最大の
祖国を持たない民族
アルメニア
トルコ
エルビル
シリア
イラン
イラク
飛行禁止区域
イラク戦争時クルド人居住地区を飛行禁止区域に。
クルディスタンだけ混乱しなかった。
復興が早く、中心都市エルビルが発展。

では、イランは、イラク国内のクルド人を支援して反乱を起こすように仕向けました。フセイン大統領は、イラクにいるクルド人がイランに味方をするのではないかと疑い、自国民のクルド人を毒ガスで大量に殺害しました。

さらに1990年に始まった湾岸戦争では、反フセインで立ち上がったクルド人に対し、フセインは、軍を使って弾圧しました。

その窮状を何とかすべきだとの国際世論が盛り上がったことから、アメリカとイギリスは、**クルド人居住地区を飛行禁止区域に指定**し、イラク軍がクルド人を空爆できないようにしました。その結果、事実上のクルド人自治区がイラク国内に誕生したのです。アメリカがイラクを攻撃したイラク戦争で、クルド人はアメリカ軍に味方しました。戦争後、大混乱に陥るイラク国内を横目に、クルド人自治区だけは混乱しませんでした。

その結果、復興・開発が早かったのです。

また、クルド人自治政府はイラク政府を通さずに、直接自治政府が外国からの投資を呼び込んでいることも発展の理由です。

エルビルは第2のドバイ（中東屈指の世界都市）になるかもしれません。**治安がいいと、**

これほどまでに町が発展するのだということを、イラクで実感しました。

しかし、かつて迫害されていた地域だけが急激に発展していることにより、**イラク国内には新たな格差が生まれています**。イラクの人口の8割がアラブ系。少数のクルド人だけが潤っても、イラク全体が復興したことにはなりません。

この動きを、いかにイラク全土へ広げていくかが今後の課題です。アメリカ軍撤退後のイラクでは、再び爆弾テロが起きるようになりました。全土がクルド人自治区のようになれば、イラクは大きく発展する可能性があります。今後に注目です。

■サウジアラビアはアラブの盟主

「アラブの春」で混乱したエジプトに代わって、いまや「アラブの盟主」の座に就いているサウジアラビア。

サウジアラビアは**日本にとって最大の石油輸入国**であり、日本とは大変関係の深い国です。にもかかわらず意外にどんな国か知られていないのは、この国が原則としてイスラム教徒と一部の石油関係のビジネスマンなどしか入国を認めてこなかったからでしょう。観光目的の入国は、最近一部で認められるようになりましたが、長らく認められていませんでした。ちなみに、石油関係の仕事で入国が認められても、入国カードにある宗教欄に「なし」と書くと、入国が認められません。「神を信じない人物は、神をも恐れぬ行動をとるのではないか。テロリストではないか」というのがサウジアラビアの発想だからです。

ちなみに私は「ブディスト（仏教徒）」と書きました。一緒に入国したスタッフは「シントーイズム（神道）」と書いていました。もちろん、どちらも問題ありません。「クリスチャン」でもいいのです。

今回、私は特別に発行されたジャーナリストビザで入ることができました。**サウジアラビアとは「サウド家の国・土地」という意味**で、イスラム教の3大聖地であるメッカ（預言者ムハンマドの出生地）、メディナ（ムハンマドが迫害から逃れてたどり着いた町）、エルサレム（ムハンマドがメッカから一夜のうちにエルサレムまで旅をし、天国を見てきたとされる町）のうち**2カ所（メッカとメディナ）があります**。

世界一石油が出る国ですから、国民の生活はすこぶる豊か。取材で訪問した家庭は中流家庭だというのに住み込みのお手伝いさんと運転手がいて、家にプールもある5階建ての家でした。

この地で石油が初めて出たのは１９３８年のこと。アメリカの石油会社が最初の油田を発見したのです。そして「アラビアン・アメリカン・オイル・カンパニー」（通称アラムコ）を設立。この会社は、後にサウジアラビアによって国有化されますが、このオイルマネーが、貧困にあえいでいた生活を一変させたのです。

かくして、**サウジアラビアは〝親米〟の国に**なりました。

聖地メディナに行くと、インターコンチネンタルやマリオットなど、欧米大手のホテルチェーンが進出していました。世界中のイスラム教徒が巡礼に来るのですから、**「巡礼ビジネス」が成り立つ**のですね。これからは徐々に観光客も受け入れていく方針のようです。

サウジアラビアはとくに厳格なイスラム教徒の国。酒や賭け事、男女同席、偶像崇拝など、禁止されていることが多くあります。

激変する中東の中で、果たして〝アラブの盟主〟の座は守れるのか、この後の章で深く見ていきましょう。

■東日本大震災と「津波てんでんこ」

２０１１年３月11日に起きた東日本大震災は日本の風景を変え、福島第一原子力発電所（原発）事故では、**これまでの安全神話が崩壊**してしまいました。

地震と津波に襲われたとき、被災地の人々のとっさの判断・行動が、多くの人の運命を左右しました。

児童の多くが犠牲になった宮城県石巻市の大川小学校では、地震の際のマニュアルは、「津波の可能性があるので高台へ避難すること」となっていました。ところが、その場合の高台はどこと特定されていませんでした。地震が起きて校庭に子どもたちが集まった後、どこに避難するかで先生たちは迷ったようです。学校の裏に山があるけれど、大きな地震で地盤がゆるんでいるかもしれない。子どもたちが登ったら崩れるかもしれない。

その一方で、「地震が起きたら親が子どもを引き取りに来るように」という決まりもあったため、次々に親が生徒を引き取りに来る。順番に子どもを引き渡して、どうしようか……と迷っている間にとうとう津波が来てしまったのです。

結果、全校生徒の７割が犠牲になってしまいました。

私が取材した宮城県東松島市の大曲小学校は対照的でした。この学校のマニュアルでは「地震が起きたら校舎が壊れる危険性があるので、とりあえず体育館に避難すること」となっていました。体育館は耐震構造で安全だと考えられていたからです。

大曲小学校は海岸から3㎞離れていました。そのため、「大津波警報が発令されました。高台へ避難してください」という呼びかけが聞こえなかったそうです。たまたま乳酸菌飲料の販売員が来て、「海岸のほうで大津波警報が出たと言っていますよ」と校長と教頭に教えてくれたのです。

体育館にいたら津波に呑まれるかもしれない。あたりに高い建物といえば、校舎しかない。校長と教頭はとっさに判断して、児童全員を校舎の3階へ避難させたそうです。つまり、**あえてマニュアルに反することをした**のです。

子どもたちが2階から3階へ上がるころに大津波が襲来。1階は水没しました。体育館にいたら、おそらく助かっていなかったでしょう。

ただ、大曲小学校にも「親が児童を引き取りに来れば渡します」というマニュアルはあったそうです。11人の親が引き取りに来て、子どもたちは一緒に帰宅しましたが、この子たちは、二度と学校に戻ることができませんでした。

親が引き取りに来たばっかりに命を落とした子どもがいる。ということは、「地震が来たら親が引き取りに来てください」というマニュアルは果たしてそれでいいのでしょうか。

マニュアルとは想定に基づいて作られるものであり、想定どおりのことが起きたときには威力を発揮しますが、想定外のことが起こると無力だということです。

「津波てんでんこ」という言葉があります。津波で被害に遭った地域に、昔から伝わる言葉で、「津波が来たら、親が子を捜す、子が親を捜す行為は危険。とにかくてんでんばらばらに高台に逃げなきゃいけないよ」という意味です。

昔からの言い伝えは本当に役に立つんだなということを再認識し、現在、多くの小学校でマニュアルの再点検が行われているようです。

もちろん、マニュアルは大事です。しかし、**マニュアルを超えることはいくらでも起こりうる**。それを前提にどうすればいいのかを考えていかなければならないのではないでしょうか。

今回の津波で、世界一の防波堤はあっけなく壊れてしまいました。なにしろ時速100

０km の高速で飛んでいるジェット機250機がぶつかったくらいの運動エネルギーだったといいますから、ひとたまりもありません。

津波が来ても「絶対に守るんだ、防ぐんだ」という考え方はもう捨てたほうがいいように思います。大自然の脅威（驚異）の前では、人間はちっぽけな存在にすぎません。その自然といかに共生していくか。今後は**「防災」より「減災」をキーワードに、考えていくべき**でしょう。

今回の地震により原発はどうなるのか、エネルギーはどうなるのか、世界はまた新たな問題に直面しました。本書ではそれについても考えましょう。

■「暴動が起きない」と驚かれたことに驚いた日本人

今回の津波、原発事故を海外はどう受け止めたのか。

海外メディアは、甚大な被害に遭ったにもかかわらず、社会的秩序を守って互いに助け合う日本人の姿を称賛しました。**「暴動が起きない」ことに驚いた**のです。私たちは「暴動が起きない」と驚いていることに驚いたのですが、それほど私たちが〝当たり前〟だと思っていることが、実は驚嘆すべきことだったのです。

地震や津波が起きれば、世界の常識でいえば間違いなく「略奪」や「暴動」が起きます。福島第一原発事故の後、東京から各国の大使館員が関西や自国へと避難しました。実は「略奪や暴動で外国人が標的になるかもしれないから逃げろ」という理由もあったということを、後になって知りました。

ところが日本人は略奪どころか、避難所に届けられた物資もみんなが譲り合い、われ先にと奪い合うことなど全くありませんでした。「皆さんで分けてください」と言われたら、見事にこれをやったと世界が驚いた。このところ日本は自信を失うようなことが多いけれど、**私たちは捨てたものじゃないと自信を持つべき**です。

しかし、その一方で、パンを焼いて被災地へ届けたいと思った人が、100個のパンを焼いて、ある避難所へ届けたところ、「避難所には140人います。100個もらっても、皆に平等に行き渡らないので受け取るわけにはいきません」と受け取りを拒否されたとのこと。あまりに「杓子定規」ですよね。ちょっと情けなくなるような話も聞きました。

■ニューヨークは震度1で大パニック

２０１１年８月にはアメリカのウォール街を取材してきました。ニューヨーク証券取引所がある世界経済の中心地です。ウォール街の名の由来は、初期に入植したオランダ人が、先住民（インディアン）からの攻撃を避けようと築いたウォール（壁）があった場所だからだとか。この壁の横で株の取引が始まり、やがて証券取引所に発展したのです。

証券取引所に入る直前、アメリカの東海岸でマグニチュード５・８の地震がありました。震源はバージニア州ですが、ニューヨークでも揺れを感じました。この揺れは、震源地で日本の基準で震度３レベル。ニューヨークだと震度１レベルです。私たちにしてみれば、「ちょっと揺れたかな?」という程度なのに、もう街は大パニックです。

ニューヨーク検事局では、ちょうどそのとき、ＩＭＦ（国際通貨基金）のストロスカーン前専務理事の処分について検事が記者会見をしていました。ストロスカーン前専務理事は、宿泊していたニューヨークの高級ホテルで女性清掃員にいかがわしいことをしたとして起訴が検討され、ニューヨークで外出禁止処分になっていましたが、被害を訴えていた女性の証言が信用できなくなったとして、不起訴を決定したという会見でした。この様子をテレビカメラが収録していました。地震後、このときの様子が放映されました。

これを見ますと、地震の際、記者会見していた検事の後ろにいた女性職員が一斉に立ち上がり、キャーッと手をつなぎあって会見の真っ最中に逃げ出したのです。取り残された検事が「あれ？」という顔をしているうちに、記者会見は中断されました。

日本人の常識では考えられません。記者会見で記者たちを迎え入れているのですから、職員にしてみれば、まずはお客さんの安全を第一に考えるものでしょう。地震を経験していない国の人はこうなのか、自分のことしか考えないんだな、と驚きました。ニューヨーク証券取引所でも、職員が外に逃げ出し、ちょっとしたパニックになりました。

私たちは幸か不幸か、何度も地震を経験してきているので、パニックになることはありません。これは大事なことです。

ちなみにその地震の影響で、バージニア州の原発では外部電源が失われ、運転が停止しました。大事には至りませんでしたが、アメリカも、日本のことをとやかく言えませんね。

お客さんをそっちのけといえば、2012年1月、イタリアで豪華客船「コスタ・コンコルディア」が座礁し、死者が出ました。このとき、船長は真っ先に逃げたばかりか、乗組員までもが乗客を置き去りにしてとっとと逃げたとか。やはり日本ではありえないことだと思うのですが。

■イタリア人とギリシャ人の相似点

そのイタリア。２０１１年11月、ユーロ危機の取材の一環でローマに着いたとき、ちょうどローマでは「国民みんながイタリア国債を買おう」というキャンペーン初日でした。11月と12月の各1日の「国債買おうデー」にイタリア国債を買うと、銀行が手数料をタダにしてくれるというものです。イタリアが財政危機なのだから、国民が国債（国の借金）を引き受けてサポーターになろう。

なんと殊勝なイタリア国民！

国民に呼びかけるには誰がいいか。そこはサッカーファンが多いお国柄。前イタリア代表選手で選手協会会長のダミアーノ・トンマージ氏に決まりました。トンマージ氏は「われわれは皆で国を支援する」とナイスアシスト。

当のイタリア人は、どんな思いでいるのかと思い、ローマで通行人に尋ねると、口をそろえて「国債を買うことはいいことだ」と答えます。でもその後で必ず「自分には買うお金がない……」と返ってきます。どこか他人事なのです。

ローマ市内で元教師の年金生活者夫婦の家に伺って取材をさせてもらったところ、「ギリシャとローマがヨーロッパの文明をつくったんだ。そのわれわれをヨーロッパが守るのは当然だ」と言われ、脱力してしまいました。

冗談で言っているのではありません。大真面目です。

そういえば、こんな話も聞きました。「自分たちが真面目に働いたお金でなぜ、ギリシャ人を救済しなければならないんだ！」と、ドイツ人がギリシャ人に文句を言ったところ「ナチス・ドイツが悪いことをしたんだから、ドイツがヨーロッパを救済するのは当然だ」とギリシャ人が反論したとか。

イタリア人とギリシャ人は似た者同士ですね。こんな誇り高き国民が持つユーロはこの先どうなるのでしょう。日本人としては、勤勉なドイツ人に同情的になりました。欧州債務危機は、２０１２年も世界を揺るがす大問題。後で詳しく見ていきましょう。

■北朝鮮に105階建ての豪華ホテル

金正日《キムジョンイル》総書記の突然の死去と2012年4月のミサイル発射（失敗に終わりましたが）で動向が注目される北朝鮮。2011年9月に取材に行ったとき、首都・平壌《ピョンヤン》の中心部は高層ビルが立ち並び、建設ラッシュでした。

北朝鮮は**2012年を「強盛大国の大門を開く」（強くて盛んな国になる）年**と位置づけており、それに向けて工事が進んでいたのです。

開発の目玉は、柳京《リュギョン》ホテルです。ピラミッド形のユニークな形をしていて、着工した1989年にはホテルとして世界一の高さを目指していました。が、途中で資金不足に陥り、建設を中断。コンクリートがむき出しの姿をさらしていました。このホテルが、エジプトの企業の投資により、工事が再開されていました。ガラス張りの建物が、キラキラ光っていました。高さは105階建て、最上階には回転式のレストランもあります。

私が5年前に北朝鮮を訪れたときは極端な電力不足に陥っていましたが、次第に電力事情が改善されていました。前回は火力発電所が止まったままでしたが、煙をモクモクと出していました。発電所の燃料が確保できたのですね。北朝鮮にそんな燃料を供給できる国は、ひとつしかありません。

町の様子も様変わり。イタリアンレストランが登場し、本格的なピザを食べることができました。スパゲティは、どの種類を頼んでも同じ味だったのはご愛嬌でしたが。

驚いたのは、携帯電話の普及ぶりでした。多くの若者が携帯電話を持ち、中にはスマートフォンも使っている人もいます。

ただ、このように平壌に住み、豊かな暮らしをしているのは一部のエリート層のみに限られます。

それを象徴するように同じ9月、北朝鮮からの脱北者9人が乗った船を海上保安庁の巡視船が保護しました。脱北の理由は「韓流ドラマを見て、自由に憧れた」とか。韓国ドラマのDVDの海賊版が中国から流れ込んでいるのです。

平壌そして韓国との軍事境界線の板門店《パンムンジョム》は、中国からの観光客だらけでした。中国人が入国する際にはビザ免除で、買い物は中国の人民元がそのまま使えます。**北朝鮮は、すっかり「人民元経済圏」に組み込まれていました。**

中国の存在を感じさせるのは観光客ばかりではありません。町を行き交う車はほとんどが中国製。しかも名物のマスゲームの最後には、「中朝友好」の文字まで登場しました。緊迫する朝鮮半島情勢については第2章で解説します。

■ソマリア人はなぜ海賊になった？

２０１１年7月、自衛隊初の本格的な海外活動拠点がアフリカのジブチ共和国にできました。なぜジブチなのかというと、近くの**ソマリア沖に出没する海賊対策**です。

そもそも、なぜソマリア人は海賊になったのでしょう。

19世紀、アフリカは、ヨーロッパ列強によって分割されました。１９６０年6月と7月、イギリス領だった地域とイタリア領だった地域がそれぞれ独立・統合し、ソマリア共和国が成立します。１９７０年代の東西冷戦時代になると、ソマリアの隣のエチオピアで社会主義革命が起き、ソ連グループ（社会主義陣営）に入ることになります。となると、アメリカはエチオピア包囲網づくりのためソマリアを支援。ソマリアには大量の武器が流れ込みます。武器は大量にあるのにそれを止める勢力がなく、部族間による内戦が激化。**１９９１年には、とうとう無政府状態**となってしまったのです。

1992年、国連はアメリカなど各国に対し、治安維持のためにソマリアに部隊を派遣するように依頼。ブッシュ大統領（パパ・ブッシュ）は軍を派遣しました。

ところが、軍隊が入ってきたことを侵略と受け止めた部族が、国連部隊を攻撃するようになります。これによりアメリカ軍ヘリコプター「ブラックホーク」が撃ち落とされ、18人の兵士が犠牲になりました。

アメリカ軍兵士の遺体が武装勢力によって車で引き回される映像がニュースで放送されると、アメリカ国内で厭戦気分が高まり、クリントン大統領は軍を撤退させました。

以降、ソマリアは世界から見放されると同時に、20年間もの長きにわたり、無政府状態が続くこととなったというわけです。

無政府状態になると、外国の産業廃棄物処理業者がソマリア沖に来て、沖合で有毒廃棄物や医療廃棄物を不法投棄したり、ヨーロッパやアジアの大型漁船がソマリアの魚を乱獲したりします。

漁場を荒らされてしまった漁民たちは、漁ができません。**手っ取り早く現金収入を得ようと海賊**になり、周辺海域を航行するタンカーや貨物船を襲うようになったのです。

武装した男たちが小型ボートで近づき、船員と船の積み荷を人質にして船会社に身代金を要求する。つまり「**身代金ビジネス**」ですね。

ソマリアの漁民にしてみれば、生きていくために、やむにやまれぬ行動だったのですが、これがうまくいくようになると、大金持ちが続々誕生。もはや完全に身代金ビジネスとして確立してしまいました。

これに対処するため、世界が対策に乗り出しました。現在20カ国が自国の民間船を守るため艦艇などを派遣しています。**日本も自衛隊を派遣し、船の護衛と空からの海賊捜しを担当**しているのです。

ちなみに、1回当たりの身代金の額は平均で5億円。ソマリアの海岸沿いには海賊御殿が立ち並んでいます。海賊はソマリア女性が結婚したい職業ナンバーワンとか。ソマリア沖からアデン湾にかけては、ヨーロッパとアジアを結ぶ重要な航路です。スエズ運河を通る船は、必ずここを通ります。

海賊の襲撃が多発すると、付近を航行する貨物船がかける保険料が高騰。高い保険料と海賊を避けて南アフリカ沖を迂回すれば、運送費が30％アップします。

どちらにしてもコストがかかって、**貿易には重大な影響を及ぼします。**

現在の自衛隊の派遣は、対症療法にすぎません。一刻も早く**ソマリアの国内を安定させること。それが日本経済、世界経済の安定にもつながる**のです。

私たちにできることは何か、一緒に考えていきましょう。

第1章　アラブに春は来たのか？

■イスラム教徒にとって焼身自殺はタブー

2011年は、**中東の長期独裁政権が次々と倒れた歴史的な年**でもありました。きっかけは、**チュニジアで起きた「ジャスミン革命」**（ジャスミンはチュニジアを代表する花）です。

北アフリカのチュニジアで、生活のために野菜や果物を路上で売っていた若者が、「許可なく店を出すな」と警察官に言われ、全てを没収されてしまいます。ワイロを渡していれば見逃してもらえたものの、正義感が強かった青年はそんなことはせず、市の当局へ訴えました。しかし全く相手にしてもらえず、絶望した彼は焼身自殺を図ったのです。

イスラム教徒にとって焼身自殺はタブーです。自殺することは、神に逆らい、神から与えられた命を捨てることですから、地獄に行くことを意味します。それだけではありません。イスラム教では、この世の終わりが来たとき、人々は生き返り、神の前で審判を受けるとされています。生前良いことを多くした人は天国へ、悪いことを多くした人は地獄へ落ちることになっているのです。

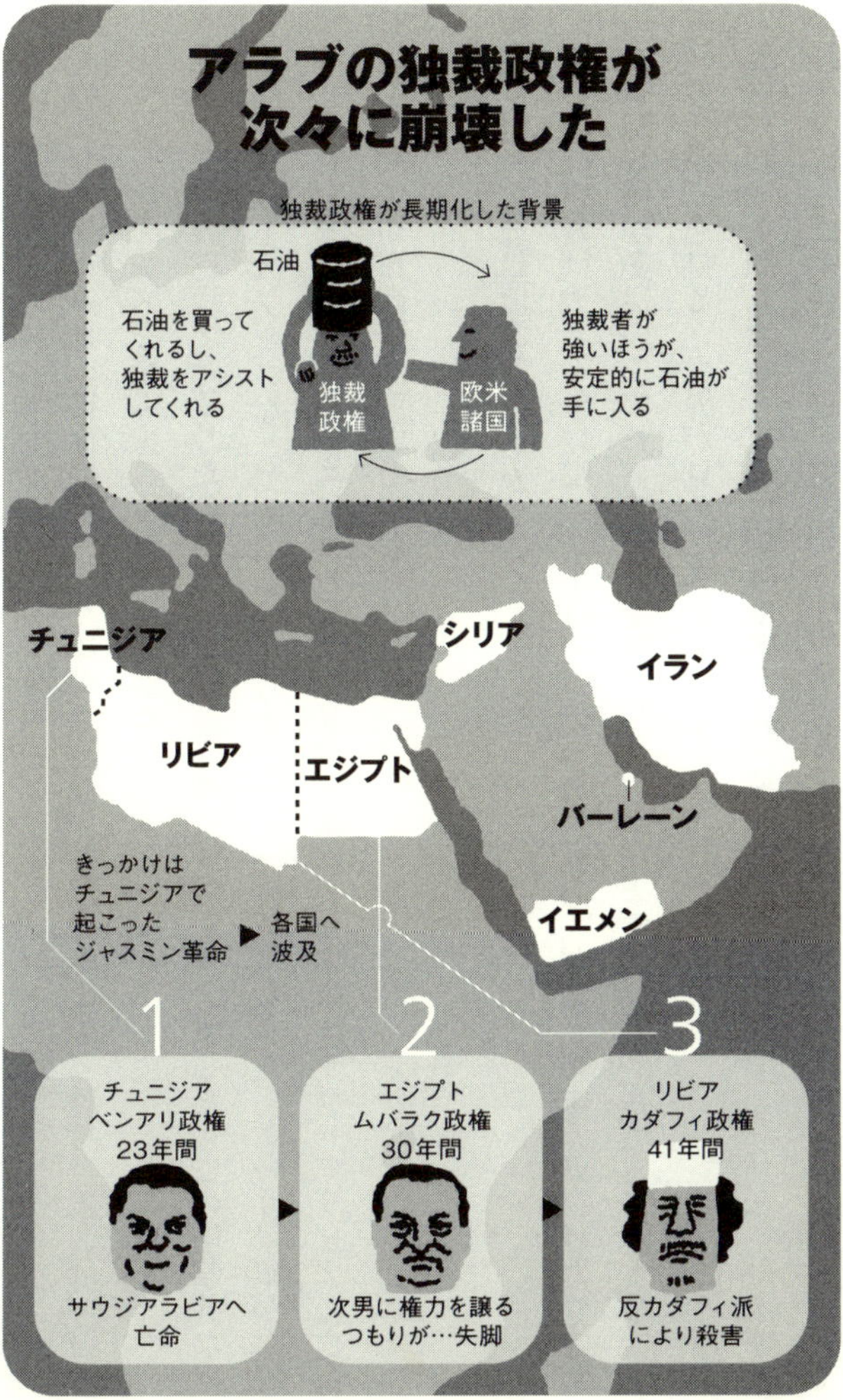
アラブの独裁政権が
次々に崩壊した
独裁政権が長期化した背景
石油
石油を買って
くれるし、
独裁をアシスト
してくれる
独裁
政権
欧米
諸国
独裁者が
強いほうが、
安定的に石油が
手に入る
チュニジア
シリア
イラン
リビア
エジプト
バーレーン
イエメン
きっかけは
チュニジアで
起こった
ジャスミン革命
各国へ
波及
1
2
3
チュニジア
ベンアリ政権
23年間
サウジアラビアへ
亡命
エジプト
ムバラク政権
30年間
次男に権力を譲る
つもりが…失脚
リビア
カダフィ政権
41年間
反カダフィ派
により殺害

焼身自殺をしてしまったら、体が残らないのですから、そもそも復活できません。この世の終わりが来たとき、神様の前へ行く体がなくなってしまいます。焼身自殺とは、自ら天国へ行くチャンスを全く失ってしまう行為なのです。

チュニジアの現状に絶望した若者の行動は、人々に衝撃を与えました。この衝撃的な出来事は、フェイスブックなどで国内に広まりました。「抗議をしよう」という民衆が大規模な反政府デモを展開。チュニジアのベンアリ大統領は、ついにはサウジアラビアに亡命し、23年間続いた政権が崩壊しました。

■なぜ中東に独裁国家が多いのか

政治の仕組みは大きく分けて「民主政治」と「独裁政治」があります。**アフリカや中東には独裁政権が多い**のですね。それはなぜでしょうか。まずはそこから考えてみましょう。政治の仕組みを見ると世界が見えてきます。

近世の歴史を振り返ると、**19世紀は帝国主義・植民地主義の時代**でした。とくにイギリスはさまざまな国を支配下に置き、「地の果てまで植民地にするのか」といわれるほどでした。この時期の植民地競争でリードしていたのは、イギリスとフランス、スペイン、ベルギー、オランダ、少し遅れてドイツ。そこから大きく遅れて日本でした。

第1次世界大戦が終わると、フランスのパリで講和会議が開かれ（1919年）、アメリカのウィルソン大統領が「民族自決」を提唱します。各民族が「自分たちのことは自分たちで決められるように」ということです。ヨーロッパ列強の植民地にも自決権を与えようと提案したのです。

アメリカは他の国より持っている植民地が少なかったので、他国の植民地と貿易がしたくてもできず、何とかしたかったのですね。しかしイギリスとフランスが抵抗し、**誕生したのが「委任統治領」**です。

委任統治とは、国際連盟によって委任された国が、独立国家ではない地域を統治する仕組みです。つまり、世界には自らの国を統治できない人たちもいる。もっとハッキリ言ってしまえば、「イギリスやフランスなどの白人は優れた民族で、その他は劣った民族だ。劣等な民族はきちんと自分の国を治められないから、そのままにしておくと殺し合いをしたり飢餓が起きたり、ロクなことはない。だからわれわれ優等な民族が、劣等な民族の国を統治してあげましょう」という趣旨です。

委任統治の対象となったのは、第1次世界大戦の敗戦国・ドイツ帝国の支配下にあったアフリカの国や、同じく敗戦国となったオスマン帝国（かつての呼称はオスマントルコでしたが、現在はこちらの呼び名を使います）の支配下にあった中東地域でした。

第2次世界大戦後はこれらの地域も次々に独立を果たすことになります。

でも、いきなり「独立していいよ」となると、どうなるか。国は混乱するのです。

急に先生がいなくなったクラスで、クラス中が騒ぎ出すようなものでしょうか。

実際、王国としてスタートしても、軍部がクーデターを起こして政権をひっくり返した国がたくさんありました。**いろいろな民族・宗教間の争いを抑え込むには、強い力が必要**です。

軍部が強引にトップに立つと、いつ自分たちも裏切られるかと心配になる。そうなると他人を信用できないので独裁政権となるのです。

長い間、この**独裁政権を許してきた国際社会にも問題があります**。

中東は産油国が多いですね。**欧米は石油が欲しいから独裁者に甘くなります**。一方で、

独裁者は石油を買ってくれるから親米になりがち。国の中に反米勢力が出てきたり、イスラム過激派が出てきたりすると、その勢力を独裁者が抑え込んでくれるので、**お互い都合がよかった**わけです。その結果、とてつもない長期独裁政権となりました。

■エジプトで初の民主的選挙

ジャスミン革命は、またたく間にエジプトに飛び火しました。これにより30年以上政権を掌握してきたムバラク大統領が２０１１年2月に退陣しました。

さて、人口約８３００万人の巨大な国家の民主化がうまくいくのかどうか。

エジプトには建国以来抱える宗教対立があります。エジプトは国民の約9割がイスラム教徒ですが、約1割はコプト教（コプトはエジプトを意味するギリシャ語）と呼ばれるキリスト教の一派です。この人たちは、イスラム教がエジプトに伝わる前からこの地域に住んでいました。

考え方や生活習慣の違いから根深い対立があり、コプト教徒は以前からイスラム原理主義勢力の攻撃を受けていました。

2011年5月には、イスラム教徒とコプト教徒の間で乱闘が起き、コプト教の教会が炎上。10人が死亡、200人近くが負傷するという事件が発生する事態になりました。

長期独裁政権が崩壊することで、**国内の対立を封じ込んでいたタガがはずれ、国内が不安定になってしまった**のです。極めて皮肉なことです。

エジプトではムバラク政権崩壊後、とりあえず軍最高評議会が政権を握りました。新しい政権ができるまでの暫定です。

2011年11月末から翌12年1月上旬までにかけ、民主化のカギを握る議会選挙が行われました。投票所には長い列ができ、文字が読めない有権者のために、候補や政党をシンボルマークで示す工夫も施されました。

結果、ムスリム同胞団系の政党「自由公正党」（FJP）が約47％の票を集め第1党になります。ここはイスラム原理主義組織を基盤にしてはいますが、穏健派です。エジプトでは、**とりあえず穏健なイスラム化が進む**ことになるでしょう。

内外に衝撃を与えたのが、イスラム教の教えを厳格に守る「ヌール党」が約25％もの票を集めて第2党に躍進したことです。この党は異教徒や外国人を敵視する傾向が強いからです。

独裁者のムバラクやベンアリがいなくなると、これまで政治活動をすることが一切認められていなかったイスラム原理主義者＝反米勢力や、アルカイダのようなテロを容認するような団体も自由な活動ができるようになります。

民主主義を進めると、過激な思想を持つ勢力が伸張する。これが「**民主主義のパラドックス**」と呼ばれるものです。「**民主主義のジレンマ**」といってもいいかもしれません。

それでも、もう秘密警察によって行動を監視されることはありません。チュニジアでもエジプトでも、軍事政権に対して反対運動が起きました。以前なら、政権を批判しようものなら、たちまち逮捕されたものです。自由にモノを言っても、逮捕されることもなければ、その場で殺されることもありません。明らかに、**これまでの独裁政権時代とは違う**のです。

■避けられないイスラエルの孤立化

そのエジプトの首都カイロで２０１１年９月、大規模な反イスラエルデモがあり、デモ隊の一部がイスラエル大使館を襲撃する事件がありました。

エジプトのムバラク前大統領は、1979年にイスラエルと平和条約を結び、国内の根強い反イスラエル感情を抑え込んできました。政権崩壊で反イスラエル感情が再び呼び覚まされ、エジプトとイスラエルの関係は悪化が始まっています。

民主化運動を通じ、各国でイスラム勢力が台頭してきています。それにより起きているのが、**「イスラエルの孤立化」**です。

周辺国とイスラエルの関係を見ると、レバノンは反イスラエルの国です。そのレバノンに拠点を構えるイスラム原理主義過激派のヒズボラは、イスラエルとたびたび戦闘を繰り返しています。シリアも反イスラエルで、ゴラン高原はイスラエルに占領されたままになっています。ヨルダンは1994年にイスラエルと平和条約を結んでいるのですが、ここでも反イスラエル感情が高まっています。

そもそも、なぜアラブ諸国の人々に反イスラエル感情が根強いのか。そこには、**パレスチナ問題が横たわっています。**

現在、イスラエルに住んでいる国民の多くは、ユダヤ教を信じるユダヤ人です。一方、イスラエルの中の「パレスチナ自治区」に住んでいるのは、イスラム教を信じるアラブ人です。

いま、**イスラエルが存在する場所は「パレスチナ」と呼ばれた地域**で、アラブ人が多く住んでいました。アラブ人にしてみれば、自分の土地を「ユダヤ人に横取りされた」という気持ちが強いのです。

ユダヤ人たちが信じるユダヤ教とは、どんなものなのか。

紀元前2000年ごろ、神から「自分を信じると約束するならカナンの地を与える」と言われたと信じる人々が、ユダヤ人です。神の言葉をもとに『聖書』（律法の書）が生まれます。彼らには「イスラエルは神様が自分たちにくれた土地」という思いが強くあります。

一方、キリスト教は、ユダヤ人だったイエスが、ユダヤ教を改革しようとして、長老たちの怒りを買い、十字架にかけられたことで誕生した宗教です。

これが後にヨーロッパにおけるユダヤ人迫害へとつながっていくのですが、イエスの弟子たちは、イエスこそが聖書に出てくる「救世主」（キリスト）だと考え、イエスの教えを広めていきます。これが、やがてキリスト教として発展します。

イエスの行動や言葉をまとめた『福音書』が、「神との新たな約束」の聖書として『新約聖書』と呼ばれるようになり、ユダヤ教徒にとっての『聖書』は、キリスト教徒にとっての『旧約聖書』になります。イエスがこの世に遣わされる前の「神との古い約束の書」という意味です。

これに対してイスラム教は、アラビア半島にいたムハンマドが、「神の言葉を聞いた」として、その内容を広めることで成立しました。ムハンマドは、「神の言葉を預かった人」である「預言者」と呼ばれます。

イスラム教では、神が過去に『旧約聖書』や『新約聖書』の形で人間たちに神の言葉を伝えたのに、人間たちは、これを守ろうとしなかったので、神が「最後の言葉」を「最後の預言者」であるムハンマドに伝えた、ということになります。この「最後の言葉」をまとめたのが、『コーラン』です。

イスラム教徒が信じるアッラーとは、アラビア語で「神」のこと。『旧約聖書』に出てくるヤハウェと同じ神です。つまり、**ユダヤ教徒とキリスト教徒が信じている神と同じな**

のです。
　この**三つの宗教のそれぞれの「聖地」が、イスラエルのエルサレムに存在**します。ユダヤ教の聖地は「嘆きの壁」で、そこからわずか100mしか離れていないところにイスラム教の聖地「岩のドーム」があり、近くには、イエスが十字架にかけられたゴルゴダの丘にキリスト教の聖地「聖墳墓教会」があります。

■イギリスの「三枚舌」が事態を複雑に

　かつては、ユダヤ教徒もイスラム教徒も、比較的平和に暮らしていました。激しく対立するようになったのは60年ほど前から。実は最近のことなのです。

　紛争のきっかけは、イギリスの三枚舌外交です。

　先ほど、19世紀はイギリスが植民地を広げた時代だという話をしました。エルサレムのあたりのパレスチナは、それまでオスマン帝国が支配していました。第1次世界大戦でそのオスマン帝国と戦ったのがイギリスです。イギリスは、自分が持つ他の植民地と自国を結ぶ位置にあるパレスチナがどうしても欲しかったのです。

中東紛争のもとは
イギリスの三枚舌外交
第1次世界大戦時
パレスチナに
アラブの国家を
つくってもいいよ
イギリス
勝ったら
あの土地を
山分けしようぜ！
アラブ人
フランス
パレスチナに
ナショナルホーム
建設OK!
ユダヤ人
イギリスは
国連に丸投げ
第2次世界大戦
イスラエル建国
アラブ人
ユダヤ人
中東戦争勃発

オスマン帝国を倒すには、オスマン帝国と戦う勢力を増やしたほうがいいと考えたイギリスは三枚舌を使います。

アラブ人には「オスマン帝国が倒れたら、ここに住んでいるアラブ人はアラブ人の独立国家をつくってもいいですよ」と言います。その一方、ユダヤ人には「ここに〝ナショナルホーム〟を建設してもいいですよ」と言い、味方につけます。

ところが、その裏で、イギリスはフランスと秘密条約を結びます。勝ったら「この地を分け合おう」というわけです。

第1次世界大戦の戦勝国となったイギリスはパレスチナを手に入れます。そこに、世界中からユダヤ人たちが集まってきます。アラブ人にしてみれば、自分たちが住んでいたところにユダヤ人が入ってくるわけですから、トラブルが続発するようになります。

そうこうしているうちに第2次世界大戦が勃発。ヨーロッパのドイツ支配地域でユダヤ人600万人がナチス・ドイツにより虐殺されました。国際世論はユダヤ人に同情的になり、ユダヤ人の国を認めてもいいのではないかというムードが醸成されました。

トラブルの種をまいたイギリスは、戦争で経済的にもすっかり消耗し、この土地をうまくまとめられなくなります。そこで「ユダヤ人が国をつくりたいなら、国際連合（国連）に決めてもらおう」と国連に丸投げしてしまいます。

国連の調査団が現地入りをした結果、**パレスチナをアラブ人の国とユダヤ人の国に分割する案がまとまり、国連決議が採択**されます。その結果、人口でいえばアラブ人のほうが圧倒的に多いのに、面積の5割以上の土地がユダヤ人のものになりました。

こうして1948年5月14日、アラブ人から見れば異教徒であるユダヤ人の国「イスラエル」が建国されたのです（聖地エルサレムだけは国際管理に）。

■イスラエルを支援するアメリカ

イスラエル周辺のアラブ人国家は、黙っていられません。イスラエル建国の翌日、イスラエルに攻め込みます。これが「第1次中東戦争」です。

その後、大きなものだけで4つの中東戦争が起き、イスラエルは、国連決議で認められた以上の土地を占領します。

なぜイスラエルは中東戦争を勝ち抜くことができたのか。

当時のアラブ人は、馬に乗り、刀を持って戦争をしました。対するイスラエルは第２次世界大戦でイギリス軍兵士として戦った人も多く、いわば戦争のベテラン。「ひょっとしたら戦争になるかも」と予測して、ヨーロッパから大量の武器も仕入れていたのです。戦車まで手に入れていました。

馬と戦車では、相手になりません。パレスチナに住むアラブ人は土地を奪われ、難民となりました。これがパレスチナ難民です。**パレスチナ難民とは、パレスチナに住んでいたイスラム教を信じるアラブ人のこと**です。

周辺のアラブの国が、イスラエルに対して憎悪感を持つのはこのためです。エジプトは早くにイスラエルと平和条約を結んだ数少ないアラブの国でした。

このイスラエルと蜜月関係にあるのがアメリカです。

２０１１年９月、パレスチナ自治政府のアッバス議長は、パレスチナを国として認めてほしいと国連に申し出ました。しかし、アメリカがこれに反対します。アメリカは国連常任理事国として拒否権があります。国連への正式加盟は認められませんでした。

その一方、ユネスコ（国際連合教育科学文化機関）は、パレスチナの加盟を認めました。

するとアメリカは、ユネスコへの分担金の拠出を停止したのです。アメリカには「国際機関がパレスチナを正式加盟させた場合は、その国際機関への分担金の拠出を禁止する」との国内法があるからです。最大の拠出金国のアメリカの支払い拒否で、ユネスコは財政難に陥っています。世界遺産の登録事業もユネスコですから、今後は世界遺産指定に影響が出てくるかもしれません。

なぜアメリカが拒否したのか、といえば、**イスラエルの問題はアメリカの国内問題**だからです。イスラエルに住むユダヤ人は540万人ですが、アメリカに住んでいるユダヤ人はそれとほぼ同じ530万人。アメリカ社会でのユダヤ人の影響力は絶大で、政財界で大きな力を持ち、多額の政治献金もしてくれる。大統領も議会議員も**イスラエルに味方をしないと次の選挙に勝てない**のです。

イスラエルの孤立は、アメリカにとっても大問題です。

■NATO軍、シリアは無視?

チュニジアで起こったデモはシリアへも飛び火しました。シリアは、イランと並んで反米国家。アサド親子による独裁国家です。

アサド大統領は首が長いので、「キリンみたい」と言った国民が逮捕されたというほどの恐怖政治が続いてきました。

その象徴とされているのが１９８２年2月の「ハマの大虐殺」です。いまのアサド大統領の父、ハーフィズ・アサドの時代、独裁支配に抗議するイスラム原理主義勢力がシリア中部の都市ハマに立てこもると、シリア軍が包囲して砲撃。戦車で町全体を破壊し、市民1万～3万人が犠牲になりました。しかし、犠牲者がイスラム原理主義者たちだったことから、国際社会は見て見ぬふりをしてきました。

シリアでは、いまなお**反体制派とアサド政権の衝突が続いています**。ただ、シリアは海外のジャーナリストの自由な取材を認めないため、シリア国内で何が起きているのかがよくわかりません。死者は２０１２年3月の段階で９０００人に上っているようなのですが。

リビアで内戦が始まると、フランスを中心としたＮＡＴＯ（北大西洋条約機構）軍は、「市民を保護する必要がある」と言って介入したのに、なぜシリアには介入しないのでしょうか。

リビアにあって、シリアにないもの。それは、石油です。リビアは石油大国です。硫黄分の少ない良質な石油が出るため、欧米にとっては宝の山。カダフィ政権はロシアや中国と友好関係にあり、その両国が石油利権を持っていました。カダフィ政権が倒れれば、欧米にもチャンスが巡ってきます。事実、反カダフィ派は「自分たちを支援してくれた国に優先的に石油を供給する」と宣言しました。

NATO軍の行動は、非常にわかりやすいですね。**シリアに軍事介入しても、経済的見返りがない**のです。

と同時にイスラエルも関係しています。シリアは過去にイスラエルと戦争をしたことがあり、いまもシリア領のゴラン高原はイスラエル軍によって占領されています。パレスチナのイスラム原理主義過激派のハマスは、シリアに支援されています。もし親イスラエルのNATO軍が介入すると、ハマスが暴発しかねません。また、シリアが不安定になると、シリアによって支えられているレバノンの情勢が不安定になります。レバノンには、やはりイスラム原理主義過激派でシリアとイランの支援を受けるヒズボラが存在し、イスラエルとにらみ合っています。

アサド政権が倒れると、この微妙なバランスが崩れ、中東全体が大混乱になるかもしれないので、うっかり手を出せないのです。

しかしさすがに目に余る事態となっているため、カタールのハマド首長（首長とは国王のようなもの）は「介入せざるをえない」と言い出しました。

実はリビアでカダフィ政権を倒した反政府勢力は、カタール軍の支援を受けていました。リビアの反政府勢力の映像がテレビにしばしば登場しましたが、彼らの武器は貧弱なもので、統制もとれていませんでした。しっかりとした軍事組織がバックにいなければ、リビア政府軍に勝つことはできなかったのです。

こう考えると、カタールというのは不思議な立場にいる小国ですね。アラビア半島から突き出している小さな半島にあるカタール。ハマド首長が全権を握る独裁国家ですが、このところ、**ハマド首長による「上からの民主化」が進んでいます**。国民の間から要求が出ていないのに、女性の参政権を認めました。「アラブの春」をアラブ世界に刻々と伝え続けた衛星放送局「アルジャジーラ」は、カタールに本社があり、ハマド首長のポケットマネーで経営の赤字を埋めています。アルジャジーラがアラブの独裁国家を告発する報道を続けることに近隣諸国は神経を尖らせ、カタール政府に対して、「アルジャジーラの報道を取り締まれ」と要求しますが、カタールは応じようとしません。**アラブに報道の自由を持ち込んだ**のです。

しかも、カタールには米軍基地があります。周辺のアラブ諸国が、小国カタールを攻撃しようとすると、米軍基地の存在が邪魔します。カタールは、米軍基地を受け入れることで自国の安全保障に役立てているのです。

そのカタールは、世界が不景気の中、2011年の経済成長率がなんと約19%です。豊富な天然ガスで外貨を獲得し、国の内外に投資しています。これまでにイギリスの高級デパート「ハロッズ」を2000億円で、シンガポールのラッフルズホテルを220億円で買収、FCバルセロナのスポンサー契約で年間30億円を投資しています。

その一方で社会保障も充実しています。所得税も消費税もなし、医療費、教育費は無料、他にも国営企業に5年間勤めると年金がもらえて生涯安泰です。

同じアラブの独裁者でも、自分と親族の金儲けしか考えない人たちとは、全く異なります。「アラブの春」が周辺に飛び火した際も、カタールではデモも反政府集会もありませんでした。アラブには、こういう国もあるのです。

■「アラブの春」でアルカイダの影響力低下

２０１１年5月1日、２００１年9月11日に起きた米国同時多発テロの首謀者とされる**オサマ・ビンラディン容疑者が殺害されました。**一時はアラブ世界に大きな影響力を持った勢力の終わりを告げる出来事でした。

アルカイダは１９８８年、ビンラディンが設立したイスラム原理主義に基づくテロ組織です。アルカイダのアルとは英語の「Ｔｈｅ」で、カイダとは「基地」の意味です。そもそもは、アフガニスタンに侵攻したソ連軍と戦うために、アラブ各地から集まってくる義勇兵の名簿を管理する場所という意味がありました。

アラブの独裁者たちは、長らく国民を弾圧しながら、アメリカとの関係を重視してきました。この現状に不満を抱く若者たちにとって、「アメリカとの聖戦（ジハード）」を呼びかけるオサマ・ビンラディンやアルカイダの主張は、魅力的でした。

ところが、いったん「アラブの春」が始まると、武力やテロによらずに、独裁政権が倒れ、親米政権が消滅しました。**ビンラディンのような極端な行動をとらなくても、自分の国を立て直せる。これに若者たちが気づいた**ことで、ビンラディンの影響力は失われていったのです。

実際、ビンラディンが殺害されたことが、アラブ諸国ではそれほどの衝撃を持って受け止められませんでした。これまでなら、反米感情が盛り上がり、間違いなくアメリカの国旗やイスラエルの国旗が燃やされたりしていたでしょう。

それは、独裁国家で自分の国の政権を批判すると捕まってしまうからという面もあります。うっぷんを晴らすために反米スローガンを叫んでいたのです。

しかし今回は、アメリカの国旗が燃やされることはありませんでした。自分の国の国旗を掲げ、「独裁者は出ていけ！」の大合唱。民衆が自由に自国の独裁政権を批判できたのは、歴史的に極めて珍しいことでした。

■イランの核開発が大きな危機に

中東では、シリアとともにニュースの焦点になっている国があります。それがイランです。**イランが核開発を進めている疑惑が浮上**し、欧米が経済制裁に踏み切り、日本も同調しているからです。

イランは、「原子力発電所の燃料用にウランの濃縮を始めた」と発表していました。この場合、核分裂するウランの濃度は８％程度でした。ところが、その後、「医療用のアイソトープのために濃度を20％に高める」と発表します。いったん20％まで濃縮すれば、核兵器として使える90％の濃度にすることは容易です。このため、イランは、「核の平和利用」と言いながら、実際には核兵器の製造を急いでいるのではないか、というわけです。

２０１１年11月には、ＩＡＥＡ（国際原子力機関）が、「イランが核兵器の起爆装置を開発するなど核兵器を開発している可能性が高い」との報告書を国連に提出したからです。

アメリカによる経済制裁は、イランの石油を輸入しないというもの。これをヨーロッパや日本、韓国にも要求しました。イラン産の石油を輸入する場合、支払代金は、それぞれの国の金融機関を通じてイラン中央銀行に振り込まれます。アメリカは、ここに目をつけ、「イラン中央銀行と取引した金融機関は、アメリカ国内での業務を禁止する」という方針を打ち出したのです。

イランとイスラエルの
緊張関係
イスラエルを
世界地図から
消し去らなければ
ならない
空爆？
再び
中東戦争の
可能性も！
イラン
イスラエル
攻撃を
受ければ
即報復！
イランの核開発は
極めて重大な脅威
あらゆる選択肢で
対抗する
かつてこんなことをやってきた
●1981年　イラク／原子炉
●2007年　シリア／
建設中の原子炉と見られる施設
を空爆している！

アメリカ国内で業務ができなければ、日米貿易の資金の支払いができません。支払い用のドルを入手するのも困難です。そんなことにならないように、金融機関はイランへの石油代金の支払い業務を拒否しますから、結果としてイラン産石油の禁輸につながるというわけです。

中東はアラブ人のイスラム教スンニ派が多い中で、イランはペルシャ人のイスラム教シーア派。他のアラブ諸国と対立関係にあり、イランが核開発を進めると、周辺のアラブ諸国も、対抗して核開発を進めかねないのです。

ここで少し、シーア派とスンニ派についておさらいしておきましょう。

イスラム教では、「開祖ムハンマドの後継者は誰になるか」で、シーア派とスンニ派に分かれました。「ムハンマド一族のアリーの血を引く者こそイスラム教徒の指導者にふさわしい」と考えているのがシーア派。シーアとは「党派」のことで、アリーの党派＝シーア派です。一方、「イスラム教の慣習こそが大事であり、血統にこだわることはない」と考えるのがスンニ派です。日本のマスコミはスンニ派と表記しますが、正確には「スンナ」。スンナは「慣習」のこと。血筋に関係なく、ムハンマドによって教えられたスンナを守ろうというのがスンニ派です。

イスラム教徒はスンニ派が圧倒的に多く9割。シーア派は残りの1割にすぎませんが、イランはシーア派が圧倒的多数なのです。こんなことからも、イランは中東の中で孤立しがち。**自国の安全保障の観点から核開発を進めているのですが、それがかえって中東の緊張を高めています**。

欧米による経済制裁に対抗して、イランは、「ホルムズ海峡を封鎖する」と脅しています。イラン南部にあるホルムズ海峡は、世界の石油の2割、日本が輸入する石油の8割が通過する大事な場所です。ここが封鎖されたら、日本は再びオイルショックに見舞われます。これに対して、アメリカやイギリスは「航行の自由を守るために、ホルムズ海峡が封鎖されたら軍事力で封鎖を解除する」と通告。きな臭いのです。

さらに、**イスラエルは、イランの核開発を阻止するため、空爆を検討中**です（2012年4月中旬現在）。イランは反イスラエルを標榜する国。イランの核開発は、イスラエルにとって脅威。自国を防衛するためなら何でもするというのが国是のイスラエルが、イラン空爆に踏み切る可能性が高まっているのです。

第2章　日本が無視できない三つの〝独裁〟国家

■金正日死去で金正恩は？

２０１１年12月19日正午過ぎ、**「北朝鮮の金正日《キムジョンイル》死去」のニュース**が入ってきました。世界には独裁政権とされている国が55カ国ありますが、その中でも北朝鮮の金正日といえば**「世界最悪の独裁者」といわれた人物**です。

アメリカのＣＩＡ（中央情報局）が以前に「金正日はあと数年の命だろう」と見ているとの情報がありましたが、まさか２０１２年を待たずに死去するとは……。

２０１２年は北朝鮮にとって大きな節目の年となる予定でした。金日成《キムイルソン》生誕１００周年、金正日生誕70周年、その三男で後継者の金正恩《キムジョンウン》生誕30周年（本当は29歳らしい）というキリのいい年。これに合わせて**「強盛大国の大門を開く」（強くて盛んな国になる）**との目標を掲げてきたのです。

ちなみに、世界は金総書記の死をどのように報道したのでしょう。

アメリカのＡＰ通信は「北朝鮮の移り気で不可解な指導者が死亡した」、ワシントン・ポストは「核兵器で世界を脅迫した北朝鮮のリーダー」、ニューヨーク・タイムズは「不可解な人物だったが、**おそらく共産主義で最後の個人崇拝を維持した人物**だった」。

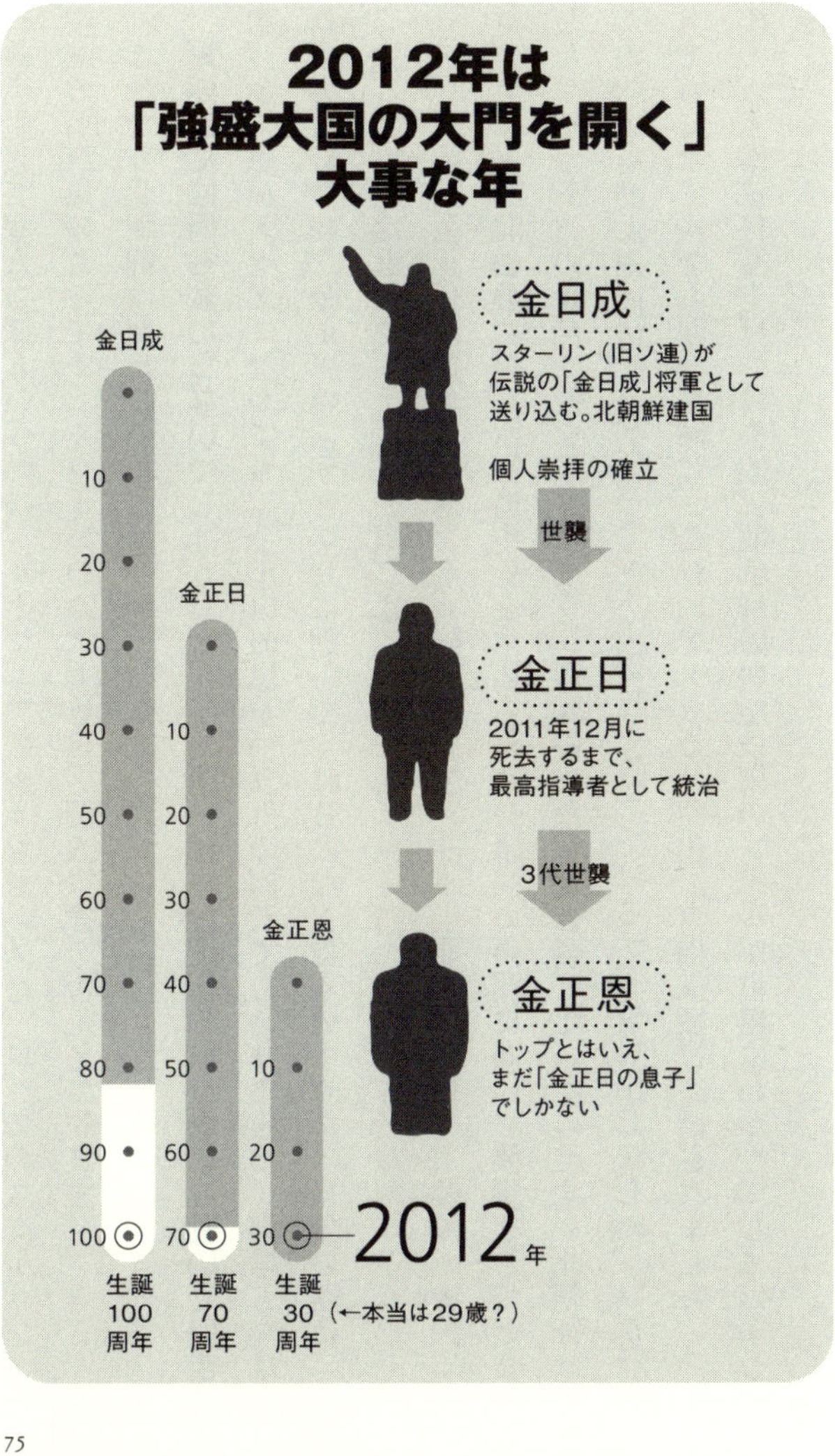
2012年は
「強盛大国の大門を開く」
大事な年
金日成
スターリン（旧ソ連）が
伝説の「金日成」将軍として
送り込む。北朝鮮建国
個人崇拝の確立
世襲
金正日
2011年12月に
死去するまで、
最高指導者として統治
3代世襲
金正恩
トップとはいえ、
まだ「金正日の息子」
でしかない
金日成
10
20
30
40
50
60
70
80
90
100
金正日
10
20
30
40
50
60
70
金正恩
10
20
30
2012年
生誕
100
周年
生誕
70
周年
生誕
30
周年
（←本当は29歳？）

共産主義で個人崇拝というのは、ルーマニアのチャウシェスク、ロシアのスターリン、中国の毛沢東のことです。キューバのカストロは、個人崇拝を否定しています。

これで、北朝鮮は変わるのでしょうか。

短期的には何も変わらないでしょう。現在、北朝鮮は故金正日の取り巻きで動いています。金正恩がトップになっても「金正日の息子」以外の何者でもありません。実績もなければ実力もない。金正恩の言うとおりに動いてくれる人など誰もいません。当分の間は、「父の遺訓」を守っていくしかないのです。

アメリカは金正日が亡くなる前、6カ国協議（アメリカ、北朝鮮、日本、韓国、中国、ロシア）による北朝鮮に核兵器製造中止を求める外交会議）の再開に向けて協議をしていました。24万トンの食糧支援を条件にウラン濃縮停止などで合意していたのです。北朝鮮はこの約束を結んだ直後、「ロケットで人工衛星を打ち上げる」と言い出しました。ロケットでもミサイルでも原理は同じ。これにアメリカは硬化。食糧支援は凍結されました。その「人工衛星打ち上げ」は失敗。北朝鮮の科学技術のレベルが世界にわかってしまいました。

■北朝鮮と韓国はいまも戦争中!?

２０１０年10月に行われた朝鮮労働党創建65周年の軍事パレードに父とともに出席していた金正恩。世界は、後継者はすでに正恩氏で決まりだと見ていました。

北朝鮮を建国したのは金日成です。マルクス・レーニン主義の常識からいえば世襲など考えられないことですが、北朝鮮は金日成→金正日→金正恩と、３代世襲です。「アラブの春」により中東で失敗した世襲が、北朝鮮では成功したということでしょうか。

この世界に類を見ない世襲政治はどのようにして始まったのか。歴史を振り返ってみましょう。

第2次世界大戦が終わるまで、朝鮮半島は日本の支配下にありました。１９４５年8月15日に日本は敗戦を迎えるのですが、その少し前の8月8日、当時のソビエト連邦（ソ連）は日ソ不可侵条約を破棄して宣戦布告。**ソ連軍は満洲から朝鮮半島に南下**します。これにアメリカが慌てます。

アメリカとソ連は、一緒に戦う連合国だったのに「ちょっと待てよ」というわけです。このままでは朝鮮半島はソ連に占領され、ソ連の言うことを聞く国になってしまう。**アメ**

リカは朝鮮半島の南から北上しますが、結局、ちょうど真ん中あたりにある38度線で分けたらどうかという案をアメリカ側がソ連の指導者であるスターリンに提案し、それを了承します。

こうして朝鮮半島は**ソ連がバックアップする北とアメリカがバックアップする南**に分けられました。

その後、国連では朝鮮半島の人たちが自由な選挙をして国づくりをすることを提案しましたが、ソ連が言うことを聞きません。

困った国連は38度線の南側だけで１９４８年５月に総選挙（自由選挙）を行い、李《イ》承《スン》晩《マン》大統領が当選します。１９４８年８月13日、「大韓民国」の成立でした。

その翌月の９月９日、「朝鮮民主主義人民共和国」が成立します。当時のトップの役職は首相で、金日成が務めます。

この金日成が「朝鮮半島をひとつにしたい！」という野望を抱き、１９５０年６月25日に始めたのが朝鮮戦争です。

アメリカ軍は、すでに韓国から撤退していました。不意をつかれた形になった韓国は、瞬く間にソウルを占領されてしまいます。これに慌てたアメリカが、韓国を支援して、一時は北を中国国境まで押し返すのですが、今度は中国が北を応援して参戦し、戦線は膠着状態となりました。そして１９５３年７月27日に休戦協定が結ばれ、現在、**北と南はそのときに引かれた「軍事境界線」で分かれている**のです。

つまり**戦争をひと休みしている状態**なのです。

■金日成はスターリンの面接試験で合格

北朝鮮の指導者となった金日成。実はこれは本名ではありません。本名は金成柱《キムソンジュ》といいます。**金日成は伝説の将軍の名前**です。

金成柱は中国大陸の満州で抗日運動をしていましたが、日本軍に追われてソ連に逃亡し、ソ連軍の朝鮮人部隊にいたところで、終戦を迎えます。ソ連は、朝鮮の指導者に、自分たちの言うことを聞く人物を選ぼうと、金成柱をスターリンに会わせます。スターリンの面接に合格した金成柱は、朝鮮半島に伝わっていた**伝説の金日成将軍という名前にされて送り込まれた**のです。

自らの誤った判断で始めた朝鮮戦争がうまくいかないと、金日成は、日本が朝鮮半島を統治していた時代に朝鮮半島にとどまって抗日運動をしていた活動家たちの責任にして、まずは粛清。続いて、中国派、やがてソ連派と、多様なグループを次々に粛清・処刑していきます。

こうして金日成の個人崇拝が始まり、それがそのまま世襲されているのです。

２０１１年12月28日に行われた金正日の国葬の模様を見ると、17年前の金日成国家主席のときと全く同じやり方でした。ただひとつ違っていたのは、金正日の棺を乗せた車の周りを人が取り囲んでいたこと。金正恩をはじめ、これから北朝鮮で独裁を進めていく人たちのお披露目も兼ねていたのでしょう。金正恩の後見人といわれている金正日の妹の夫・張成沢《チャンソンテク》の姿も見えました。

■金正恩が目指す国のモデルは中国!?

金正恩、あるいは金正恩と親しい人間たちは、金正恩体制の下で、**北朝鮮を中国のような国にしたい**と思っています。朝鮮労働党の事実上の一党独裁の下で、経済発展をさせたい。朝鮮労働党が政治を行いながら、「改革・開放」をやって経済を発展させていく。まさに中国共産党の手法です。しかし、いますぐは無理です。長い時間がかかります。

金日成から金正日の体制になるときも、長い時間をかけました。金正日の周りにいるのは、父親とともにやってきた年長者ばかり。彼らにうまく引退してもらうために、幹部の位をどんどん上げ、勲章をいっぱい与え、気持ちよく引退してもらいました。彼らがどれくらい英雄だったか、革命の映画や芝居を作り、褒め称えたのです。〝ゴマスリ〟をやって、年寄りをいい気持ちにさせたのですね。「なかなか金正日はいいヤツじゃないか」と思わせ、次第に自分と同年代を幹部に引き上げていって、自分の力をつけたのです。

それを考えると、金正恩はまだ29歳。北朝鮮の公式発表では30歳ですが、いずれにしても若すぎます。２０１２年４月、朝鮮労働党に「第１書記」という新設ポストをつくり、就任しましたが、自分と同世代の若者たちは、どの分野でもいちばん下っ端で、彼らとともに国を動かすことはできません。したがって、**当分は〝操り人形〟にならざるをえません**。そういう意味で、「北朝鮮は当分、何も変わらない」といえるのです。

今後、少しずつ自分が力をつけていく、あるいは仲間を増やしていけば自分の思うような国づくりも可能になっていくでしょう。中国との関係を深化させ、協力を取り付けながら改革・開放をやっていくこともできます。日本との関係が大事だ、ということになれば、拉致問題も大きく進展するかもしれません。

北朝鮮は、金正日総書記が当時の小泉純一郎首相と日朝首脳会談をしたころは日本の援助が欲しかったのです。しかしいまは日本の援助を、それほど切実に必要とはしなくなってきました。いまは完全に中国経済圏に取り込まれ、中国に頼っている状態です。

しかし、今後飛躍的に発展するためには、日本からの援助は必須です。かつて1960年代の韓国が、日韓条約を結んで日本からの多額の援助を受け、経済が発展した歴史を知っているからです。

■中国のトップが持つ三つの肩書

中国も、中国共産党による事実上の一党独裁国家です。民主主義では衆愚政治（多数の愚かな民による政治）になりかねない。それよりは政治家としてふさわしい優秀な人に全権を委託して、政治を任せるのがいいという考え方です。中国では**2012年、その〝優**

秀な〟トップが交代する年です。

中国では名実ともに国のトップになるには、三つの肩書が必要です。

党のトップ→「総書記」

国のトップ→「国家主席」

軍のトップ→「共産党中央軍事委員会主席」

現在のトップである胡錦濤《こきんとう》は、この三つの肩書を持っています。

２０１２年は5年に一度の共産党全国代表大会の開かれる年。ここで、共産党のトップの総書記の座が、胡錦濤から習近平《しゅうきんぺい》にバトンタッチされます。習近平総書記が誕生するわけです。

総書記が交代すれば、国家のトップも総書記が兼務しますが、国家のトップを選出するのは年に1回の全国人民代表大会（全人代）。２０１２年の大会は3月に終わっていますので、次の交代は２０１３年3月の全人代ということになります。党大会も全人代も、それぞれのスケジュールによって開かれます。「党のトップが交代したから、国のトップもすぐに交代しなければ」という発想がありません。

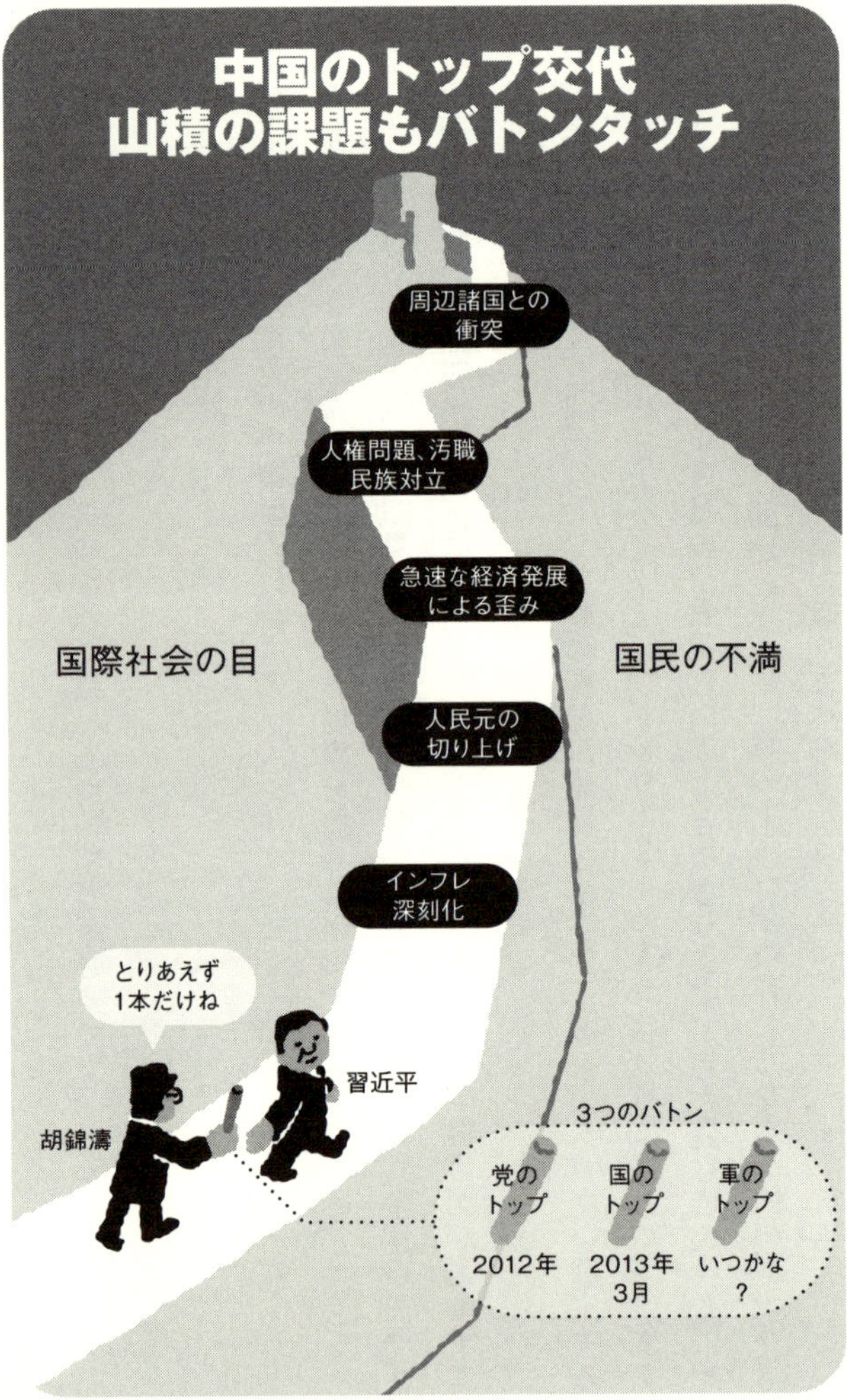
中国のトップ交代
山積の課題もバトンタッチ
周辺諸国との
衝突
人権問題、汚職
民族対立
急速な経済発展
による歪み
国際社会の目
国民の不満
人民元の
切り上げ
インフレ
深刻化
とりあえず
1本だけね
習近平
胡錦濤
3つのバトン
党の
トップ
2012年
国の
トップ
2013年
3月
軍の
トップ
いつかな
?

つまり党のトップは習近平だけれど、国のトップは胡錦濤という形式上の二重権力構造がしばらく続くわけです。さらに、中国の軍（人民解放軍）は共産党の軍隊なので、共産党中央軍事委員会の指示に従います。胡錦濤がいつ共産党中央軍事委員会主席の座を習近平に譲るかは、胡錦濤次第ということになります。

急にガラッとは変わらない仕組みになっているのです。

■人民元が世界経済のバランスを崩す

しかし経済では、早急に変えなければならない問題があります。中国はこのところ日常生活に欠かせない食料品、水道、電気、ガスなどの物価が急騰し、**インフレが深刻化しています**。インフレとは物価が上がる（＝お金の価値が下がる）ことですね。

そもそもいまの中国は、放っておくとインフレがどんどん進んでしまう構造になっています。その理由は、国の通貨である**人民元の為替相場を「管理変動相場制」でコントロールしているから**です。

変動相場制の円やドル、ユーロは、買いたい人や売りたい人、つまり需要と供給の関係で通貨の価値が上がったり下がったり変動します。しかし、中国は人民元を円やドルと交換するレートを「わずかな幅でしか動かないように管理している」というシステムにしています。人民元をいくらにするか、中国人民銀行（中国の中央銀行）が常にコントロールしているのです。

自国の通貨が高いと、輸出が伸びません。これは円高に苦しんできた日本人ならわかっていると思いますが、中国は、自分の国の通貨である人民元を安くして輸出で大きな利益をあげています。

実際にどのようにコントロールしているのか。海外にモノ（商品）をたくさん輸出すると、ドルが大量に入ってきますね。ドルで受け取っても、社員の給料や取引先には人民元で払わなければなりません。だからドルを人民元に替えます。

このような場合、日本では、替えたいという人が多ければ、需要と供給の関係で円高になって、これまでより少ない円としか替えることができません。これによって、国内に流通するお金の量は変化しません。

しかし中国は、元が高くならないように、人民元を無制限に発行しています。「いくらでもその値段で替えてあげます」と、持っていったドルの分だけ人民元に替えてくれます。つまり、その分だけ余計に人民元紙幣を刷っているのです。こうなれば、国内に人民元があふれ、インフレになってしまいます。

アメリカは中国に対して「人民元を高くしろ」と言い続けていますが、中国は日本の失敗（1985年9月のプラザ合意以降、急激な円高で円高不況になった）を見ていますから、これを拒否。「中国国内のことは中国政府が決める」と突っぱねています。

人民元を上げればインフレにならずにすむのですが……。

中国政府（正確には共産党）が人民元をコントロールしていることにアメリカは怒っていますが、決定的な対立にはなりません。アメリカですら中国に率直にモノを言えなくなっているからです。それには、理由があります。

輸出によりドルがいっぱい入ってくる中国は、そのドルでアメリカ国債を買っています。いまや中国はアメリカ国債の保有額で世界一（日本は2位）。「中国に対して文句を言うなら、アメリカ国債を買わないよ。持っているものも売ってしまうよ」と言えるのです。実際にはそんなことはしませんが、中国はアメリカの弱みを握っているのです。

中国にしてみれば人民元は安いままにしておきたいけれど、インフレが怖い。アメリカにしてみれば、人民元は高くしてほしいけれどアメリカ国債もどんどん買ってもらわないと困る。

お互いにとって悩ましい問題です。

■急速な経済発展による歪みも

2011年7月、浙江省温州市で高速鉄道の衝突・脱線事故がありましたね。事故直後、事故を起こして脱線した列車を、その場に埋めてしまったのには驚かされました。この映像が中国国内にインターネットで出回ると、慌てて掘り出し、「埋めたのではない。一時保管しただけだ」と言い訳しました。

事故後の救出活動もずさんで、「すでに生存者がいる兆候はない」と発表した後で、切断作業中の車両から2歳の女児が発見されました。人の生命より一刻も早く復旧させることが大事だと考えていることがわかります。

この事故で、多くの日本人が、追突した「CRH2型電車」が東北新幹線「はやて」にそっくりなことに驚いたはずです。

それもそのはず、追突した列車は、中国が川崎重工業の技術供与を受け、「はやて」をベースにして造ったものです。しかし中国側は「独自技術だ」と主張しています。

中国は、新幹線を建設する際、日本に話をもちかけました。日本の技術が盗まれることを恐れたＪＲ東海は、中国への売り込みをしませんでしたが、ＪＲ東日本は話に乗ったのです。このため東北新幹線の「はやて」にそっくりの車両になりました。

ちなみに、信号・制御などの地上設備はフランスの技術をもとに中国が独自に造ったものです。新幹線は運転や保守・点検などがワンセットで安全性が担保されるもの。中国の鉄道事故は、ハード（車両）とソフト（運営システム）の〝バラ買い〟も原因のひとつといえるかもしれません。

急ぎすぎた経済発展は、こうした悲劇も生みます。

■「天安門事件」が反日教育のキッカケ

「アラブの春」（ジャスミン革命）が起きた後、この動きが中国にも飛び火するのではないかと注目されましたが、「中国の春」は訪れませんでした。中国ではかつて**「天安門事件」という民主化運動が弾圧されて以来、「中国の冬」が続いている**のです。

1989年の春、民主化を求める若者たちの運動が全国で広がり、首都・北京では、大学生を中心とした若者たちが、天安門広場を占拠していました。

これに業を煮やした共産党の陰の最高指導者だった鄧小平《とうしょうへい》は、軍を動かして広場に突入させました。天安門広場から学生たちを排除した後、軍は、長安街など周辺で無差別に発砲。大勢の若者たちが死亡しました。

中国の軍隊は「人民解放軍」という名前です。**人民解放軍は国家の軍隊ではなく、共産党の軍隊**です。人民解放軍は政府の指示を受けるのではなく、共産党の指示・命令に従って動きます。

共産党が、自分たちの政権を守るために戦車まで出動させ、多数の人を殺害したのです。国民の共産党に対する信頼は、このときに完全に地に堕ちました。

きっかけは、胡耀邦《こようほう》の死でした。この年の4月15日、学生運動に同情的だったために失脚させられた元共産党総書記の胡耀邦の死をきっかけに、学生たちの民主化運動に火がつきました。胡耀邦の後を継いだ趙紫陽《ちょうしよう》も、学生に同情的になったために鄧小平によって失脚させられました。後任に選ばれた江沢民《こうたくみん》政権に課された使命は、共産党の統治能力を取り戻すことです。

そのために、共産党の正統性を強調する教育を徹底させました。共産党は、国民の選挙で政権に就いているわけではありません。国のトップの国家主席も、国民の選挙で選ばれたわけではありません。正統性に問題があるのです。そこで共産党は、自らの正統性を強調するため、「悲惨な状況に苦しめられていた人民を革命で解放した」とする歴史教育を行います。

「中国人民の悲惨な生活」は、どうして引き起こされたのか。「日本が中国を侵略し、人民を苦しめた」との歴史教育をしたのです。これが、結果として「反日教育」になりました。日本の極悪ぶりを強調すればするほど、そこから「人民を解放した」共産党は素晴らしい、ということになるわけです。**中国人の反日感情は、教育の結果**なのです。

ただし、中国では再び国民の不満が高まってきています。共産党幹部や官僚の汚職は後を絶ちません。警察官による市民への暴行は日常茶飯事で、中国のメディアは一切報道しませんが、ツイッターなどインターネットによって広く国民に知られるようになり、臭いものにふたをするのがだんだん難しくなってきています。

新しく中国のトップになる習近平の力が試されるのです。

■独裁者・プーチンが再び大統領に

２０１２年３月、ロシアの大統領選挙で、プーチン首相が大統領に当選しました。これまでのメドベージェフ大統領は、プーチン大統領の下で首相に就任。大統領と首相が入れ替わったのです。

ロシアは大統領を国民が選挙で選び、大統領が首相を任命する仕組みです。大統領が国家元首（国家のいちばん偉い人）で、首相は行政のトップ（役所のトップ）です。

ロシアの大統領が務められる任期は、これまで連続2期8年まででした。２００８年まで2期8年大統領を務めたプーチンは、前回の大統領選挙には出ることができませんでした。そこでプーチンの言うことを聞くメドベージェフを大統領にして、自分を首相に任命させたのです。

なんとか当選。
旧ソ連時代の覇権を再び目指す！
2012年3月
プーチン
大統領に当選
不正選挙問題で
逆風もあった
メドベージェフは
首相に
ユーラシア
連合構想
（ミニソ連での
経済統合を
目指す）
強いプーチンの
復活か？
日本としては
強いリーダーの時代に
北方領土問題の交渉を進める
チャンス
大統領の任期が
4年から6年に延びた
2期やれば、これから12年、
プーチン時代が続く！

メドベージェフは前回、「私が大統領になったら、プーチン氏を首相にします！」と宣言して大統領選を戦いました。プーチン人気に支えられ、勝利したのです。

今回は、プーチンが大統領に返り咲き、メドベージェフを首相に任命。しかも、ロシア大統領の任期は、**今度から6年に延長**されています。プーチンが、もし6年後も大統領に**当選したら、これからロシアは12年間もプーチンの天下**になるのです。

しかし、さすがにプーチン支配に反対する声も高まり、今回の大統領選挙でプーチンは苦しめられました。大統領に当選が決まった直後の演説で、プーチンの目から涙がこぼれました。まさに「鬼の目にも涙」です。プーチンが精神的に追い詰められていたことがわかります。

■選挙の不正に怒り

プーチンが大統領選挙で苦戦したひとつの理由は、前年の国会議員選挙で**大規模な不正投票があった**からです。

プーチンが党首を務める与党「統一ロシア」が圧勝しましたが、不正の映像が次々にインターネット上にアップされたのです。

統一ロシアの支持者が投票所をぐるぐると回り、何度も何度も投票する。つまり投票所の職員もグルになっていました。また、投票箱に何枚もの投票用紙をまとめて投げ入れる様子なども投稿されました。

毎回やっていることなのでみんな知っていたのですが、さすがに映像で証拠が出ると、国民がいきり立ち、大規模な抗議集会が開かれました。ソ連崩壊以来の最大規模の集会です。

まるで「アラブの春」のようですが、これは都市部のみの傾向で、地方ではまだプーチン人気は健在です。

なぜプーチンが人気なのか。ロシアはソ連崩壊以降、ハイパーインフレや民族紛争、金融破綻など１９９０年代、経済はどん底へ落ち込みました。ロシア国民は生活の安定を求めるようになり、その要求に応えたのがプーチンです。

資源高によりロシアにお金が入り、見事に経済を立て直しました。したがって、**プーチンのおかげというよりは、正確には「資源のおかげ」**なのですが。

地方にはまだ「プーチンのおかげ」と思っている人が多いのですね。

■プーチンが目論む「ミニソ連」

１９９１年12月にソ連が崩壊して20年が過ぎました。旧ソ連が崩壊すると、15の国にバラバラになりました。それでも旧ソ連の12カ国が「ＣＩＳ」（独立国家共同体）をつくります。ゆるやかな国家連合でしたが、その後、グルジアやウクライナなどロシア離れが進む国も出てきています。

そこで**プーチンは「ユーラシア連合」構想を打ち出しました。**旧ソビエト圏内でＥＵ（欧州連合）のような経済統合を進めようというものです。**旧ソ連の再建は無理なので、「ミニソ連」をつくろうとしている**のですね。

日本ではプーチンが大統領になったことで、北方領土問題についての進展を期待する声が高まっています。独裁者といわれるような強い大統領は、他国と大胆な妥協ができます。メドベージェフは弱い大統領だったので、日本に対して強硬に当たらざるをえないという事情がありました。対外的に強硬策をとることによって、自分をアピールするしかなかったのです。もしプーチンが本当の実力者で、日本との関係をよくするために北方領土問題を解決しなければならないと考えれば、誰が何と言おうと、日本に妥協することができるのです。

極めて皮肉なことですが、日本としては、この独裁者のうちにぜひとも北方領土問題の進展に期待したいところです。

第3章　揺らぐ資本主義

■第2のサブプライムローンか？

独裁国家で政権を倒すため民衆が立ち上がったかと思うと、民主主義国家のギリシャやイギリスでは、国の赤字を減らすための**政府の強引なリストラに怒る市民が暴動を起こしました。**一方、アメリカでは「**ウォール街を占拠せよ（Occupy Wall Street）**」の反格差デモが起きました。

アメリカのニュース週刊誌『タイム』は、毎年暮れに、その年を象徴する人物を選び、表紙に掲載します。2011年の「今年の人」に選んだのは、「プロテスター（抗議する人）」でした。**抗議する人たちに共通するのは、不平等に対する憤り**です。

20世紀末は社会主義国家の崩壊により「資本主義の勝利」といわれました。しかし、2008年9月のリーマン・ショック以降、資本主義国家の未来にも暗雲が立ち込めてきました。

アメリカでは上位1％の富裕層に、アメリカ全体の富の40％が集中しています。この**20年間で富の集中が急速に進んだ**のです。ウォール街で抗議行動を繰り広げた人たちは、口々に「We are the 99％」と叫んでいました。つまり、「われわれは1％の富裕層に支配されている99％の圧倒的多数だ」というわけです。抗議の矛先は金融システムに向いています。

「銀行には莫大な公的資金が投入されたのに、銀行はそれを私たちに回さず、マネーゲームに投じた」。金融機関で働く人たちは高額の給料をもらっているのですから、怒る気持ちもわかります。

また、反格差デモの裏には、**「第2のサブプライム危機を招く」ともいわれる学資ローンの貸し出しがある**といいます。アメリカでは、学生本人がお金を借りて大学へ行くのが当たり前。就職してからローンを返していくのが一般的です。しかし仕事に就けない若者が多く、卒業してもローンを返済できない人が大勢いるのです。

ＦＲＢ（連邦準備制度理事会）の試算によると、学資ローンの残高はここ12年で7倍に増えたとか。

アメリカ経済にとって、これは大きな問題です。サブプライムローンを組んで無理してマイホームを買ったように、無理してでも大学に進んでいる人たちが多いのですね。

政府保証付きの学資ローンは、他の債務に比べて融資基準がゆるやかで、多くのローン債権を証券化して投資家に販売しています。つまり**サブプライムローンと同じ仕組み**なのです。「第2の爆弾」とならなければいいのですが。

■**ウォール街のデモ参加者は本来オバマ支持者だが**

とにかく**「雇用を増やすこと」がオバマ大統領の喫緊の課題**です。戦後最も高い失業率の中で現職の大統領が再選されたのはレーガン大統領でしたが、そのときですら失業率は7・2%。それが8%台なのですから、オバマ大統領の苦しさがわかります。

「ウォール街を占拠せよ」のデモを呼びかけた雑誌編集者のカレ・ラースン氏は、保守派の「ティーパーティ」に対抗して運動を起こそうと思ったということです。

「ティーパーティ」とは、アメリカ独立のころの精神を取り戻そう！という極めて保守的な人々の集まりで、オバマ政権の大型景気対策や医療保険制度改革を批判し、増税なき「小さな政府」を掲げています。社会福祉も切り捨てるべきだと主張し、「自由な競争で負けた人は仕方がない」「格差社会もやむなし」と考える人たちなのです。

したがって、今回**ウォール街で抗議活動をした人たちは、いってみれば「大きな政府」**

を掲げるオバマ民主党の味方のはずです。

２０１０年の中間選挙で民主党は大敗。議会下院は共和党が多数を占め、ねじれ現象に苦しんでいます。共和党と何とか協力を模索してきましたが、うまくいきませんでした。「連邦債務の上限引き上げ」（国債発行額の増加案）にも「富裕層への増税」にも共和党は反対。そのたびにオバマ大統領は自分の主張を撤回し、妥協してきました。すると今度は、民主党内から「弱い大統領だ」との批判が起こり、支持率はどんどん下がっていったのです。

「チェンジ！」というスローガンに対する期待があまりに大きかっただけに、結果を出せないオバマ大統領に対する失望が広がっているのですね。

危機感を持ったオバマは、これまでの戦略を全面的に見直し、共和党やティーパーティに徹底的に勝負を挑む姿勢を強めています。

■TPP参加、オバマの戦略

その手始めに発表したのが、「雇用創出法案」です。「富裕層への増税を財源として、34

兆円規模の雇用対策を実施する」と打ち出しました。突然、**TPP（環太平洋戦略的経済連携協定）に参加すると言い出したのも、アメリカの雇用を増やすため**でしょう。TPPについては後で詳しく説明しますが、「アメリカがTPPに参加するのは、アメリカの輸出を増やし、アメリカの雇用を増やすため」とオバマ自身が国内向けに演説しています。

このままの高い失業率では、オバマは2012年秋の大統領選挙で勝てない。そんなオバマ大統領の焦りが見えます。

共和党の候補者選びは、すでに2012年1月3日からスタートしています。ここで、アメリカ大統領選挙についておさらいをしておきましょう。

アメリカは2大政党制の国。**労働者などが支持基盤の「民主党」（大きな政府を目指す）と、企業経営者などが支持基盤の「共和党」（小さな政府を目指す）**があります。

大統領選挙は2012年11月6日。夏の党大会で秋の大統領選挙の候補者を決めます。候補者を選ぶのは各州から選出された代議員です。アメリカの50州でそれぞれ党大会に出席する代議員を選びます。民主党は現職のオバマで決まり。ニュースになるのは共和党の代議員選びです。

代議員を選ぶ方法は、州ごとに党員集会だったり、予備選挙だったりするのですが、党員でないと投票できない州もあれば、誰でも投票できる州もあります。州ごとにルールが違うのです。

得票数の多い候補が、その州から出席する代議員を全員自分の支持者で占めることもあれば、得票数に応じて代議員を割り振る州もあります。

■まるで町内会のような党員集会

２０１２年１月、アイオワ州で行われた共和党の党員集会を取材しました。４年前はそれぞれの州で最高の票を取った人が代議員を全て獲得できました。つまりA候補者が30％、B候補者が25％、C候補者が25％、D候補者が20％の得票率だった場合、いちばん多く票を獲得したA候補者がアイオワ州の代議員を全て「総取り」できたのです。

しかし２０１２年からそうではなくなりました。３月末までに実施される州は、獲得した票数に応じて代議員を割り振ることになったのです。４月１日以降は、これまでどおりの総取り方式です。

なぜこんなことをするのか。総取り方式にすると**早い段階で共和党の候補が決まってしまい、盛り上がらないことを共和党の執行部が恐れた**からです。接戦が続けば続くほど、共和党に対する国民の関心は高まり、11月の大統領選挙で有利になると考えたのです。

「予備選挙」というのは、たとえばニューハンプシャー州のように普通に選挙に行って党員が投票するのですが、「党員集会」は、まるで町内会の会合みたいなものでした。最寄りの学校や教会など、ひとつの集会所に50~100人くらいの党員が集まって「誰を支持しよう」と話し合いをします。

アイオワ州は人口約300万人の小さな州で、1774カ所で集会を開きました。そこに候補者本人が来る場合もあるのですが、たいてい地元の代表が支持を呼び掛けます。素人なのでみんな原稿を棒読み。演説が終わると「じゃ、投票を始めます」と言って紙切れをみんなに配り、名前を書いたらパンを入れるバスケットのようなものを回して、そこに投票用紙を入れていきます。名前を読み上げながら開票し、まとまったらそれを州の委員会に電話で報告するのです。超アナログです。

でも、アメリカは、**建国直後に決めた方法を、いまも守り続けているのです。民主主義**

の原点を見る思いがしました。

■選挙は４年に一度の町おこし？

アイオワ州は、州の法律で「全米で最初に党員集会を開く」と決まっています。取材に行ってみて、最初にやる意味がよくわかりました。アイオワ州の州都デモインは人口約30万人。新潟県の上越市と同じ規模です。そこに全米から運動員がやってきます。全米のマスコミのみならず海外メディアも来ます。大したホテルもないので、モーテルはいっぱいです。しかも各候補が自分のＣＭを打つとともに、ライバル候補を批判するネガティブキャンペーンも展開します。地元のテレビ局には莫大なコマーシャル料がもたらされます。

候補者は票が欲しいので「当選したらこの州のためにこんなことをします」と約束してくれます。こうなると、これはもう**４年に一度の町おこし**です。

候補者は全米50州が選挙区になりますから、全米を駆け回らなくてはなりません。まさにサバイバル。ＣＭ費用など莫大な資金がかかるので、候補者は次々と脱落していきます。「勝ち目なし」と思えば、すぐ撤退します。弱い候補には資金が集まらないので、活動ができなくなるのです。

ちなみにアイオワ州で逆転1位となったリック・サントラム氏は、それまで泡沫候補扱いでした。しかしアイオワ州に全力投入。持っている運動員、資金をすべてかけて善戦。すると1日で全米から100万ドルが集まったそうです。勝つと政治資金が集まるのですね。

各州の代議員たちは、8月下旬にフロリダで行われる共和党全国大会で集まり、それぞれ投票して、共和党の候補者が決まります。しかし、実際には、春ごろにはどの候補者が代議員を多数獲得できたか結果が決まっているので、これは儀式のようなものなのです。

2012年4月、サントラム氏は選挙戦からの撤退を発表したため、事実上、ミット・ロムニー氏に決まりました。

■モルモン教とは、どんな宗教?

過去の大統領選挙で、失業率が7%を超えていたときに再選したのはレーガンのみ。失業率のデータだけを見ると、オバマの再選見通しには赤信号が点灯しますが、その一方で、共和党にも強力な候補がいないのが現状です。ロムニー氏にも、過去のデータから見ると、微妙な点があります。

というのは、アメリカの大統領はプロテスタントでないと当選が難しいからです。過去には、カトリック教徒だったケネディ以外は、みんなプロテスタントでした。アメリカは、もともとヨーロッパで迫害を受けてきたプロテスタントが、新天地を求めて海を渡って建国した国。つまり**プロテスタントがつくった国**なのです。

ところがロムニー氏はカトリックでも、プロテスタントでもないモルモン教徒なのです。過去にモルモン教徒がアメリカ大統領になったことは一度もありません。

では、モルモン教とはどんな宗教なのでしょうか。

モルモン教は正式には「末日聖徒イエス・キリスト教会」といいます。創始者はジョセフ・スミス・ジュニア。本部はユタ州のソルトレークシティーにあります。ユタ州に多くのモルモン教徒が住んでいることは有名です。

そもそもアメリカにいたという「預言者モルモン」の預言した内容を書いた金の板をジョセフ・スミス・ジュニアが見つけたとされ、１８３０年に翻訳したのが始まりです。

モルモン教の信者はアメリカに６００万人、世界合計で１４１０万人。アメリカでの信

世界が注目する
アメリカ大統領選挙
大きな政府を目指す
民主党
小さな政府を目指す
共和党
2012年
11月6日(火)
決戦
大統領選挙
ロムニーに決まった
オバマ
大統領が2期目を狙う
戦略の見直し。輸出と雇用を増やす!
2010年中間選挙で大敗している
ロムニー候補
経営手腕は高く評価
モルモン教徒が大統領になったことはない
早く景気を何とかしろ!

者の比率はわずか1・7％にすぎません。

モルモン教徒は自分たちがキリスト教の一派だと思っていますが、カトリック教徒やプロテスタントからすれば、『聖書』以外の『モルモンの書』も聖典にするなど伝統的なキリスト教とは違うので、キリスト教ではないと思っています。

モルモン教は、海外での布教活動に熱心で、外国語の研修センターがあり、男性信者は海外での宣教を自費で行う努力義務が課せられています。また、自分の収入の10％を教会に寄付しなければならない決まりになっていて、教会には多額の資金が集まります。教会はそれを投資していて、日本円にして2兆円の資金力を持つといわれています。

その豊富な資金力をバックに、モルモン教は、大統領選挙を前にPRビデオを作り、あちこちで宣伝活動をしています。モルモン教徒も普通のアメリカ人であることをアピールするビデオです。まるでロムニー氏の支援行動だとの批判が出るほどです。

ロムニー氏はハーバード・ビジネス・スクールを卒業。投資ファンドで成功を収め、多額の個人資産を持ち、ソルトレークシティー・オリンピックの組織委員会の会長として成功した経歴があります。

経営手腕は高く評価されていますから、いまのアメリカ経済を立て直してくれるかもしれないという期待はあるでしょう。

ただ、やはり**モルモン教徒であることへの反発は、避けられないはず**です。

■アメリカの格付けが下がった！

現在、アメリカは深刻な財政問題も抱えています。

２０１１年８月、共和党の抵抗にあいながらも、「連邦政府の債務残高の上限を引き上げる」法律が成立しました。**「借金してもいい上限」を引き上げた**のです。アメリカでは、政府が無制限に借金を大きくしないために、政府債務残高の上限が法律で決められています。これまでに何度も引き上げ、借金の額はどんどん膨らんでいます。その点では、日本と同じですね。

ただ、この騒動の際、格付け会社の「スタンダード・アンド・プアーズ」（Ｓ＆Ｐ）が、アメリカの国債の格付けを下げました。アメリカの国債は、史上初めて最高ランクの「ＡＡＡ」（トリプルＡ）から「ＡＡ＋」（ダブルＡプラス）に下がったのです。

アメリカの格付けが下がったのに、アメリカの国債は叩き売られることがありませんでした。むしろ国債が買われたことで、金利は低下しました。

なぜなのか。その理由の前に、まず「国債が買われると金利が下がる」仕組みを説明しましょう。

国債の利率は発行時に決まります。たとえば、「10年利付国債、額面１００円、利率１・２％」というように発行時に条件を提示して販売します。

ただ、国債は「利息と元本が返ってくる権利」を示すものなので、途中で売り買いできます。発行済みの国債は、自由に売買されているのです。

たとえば10年ものの、利率２％の国債１００万円を5年間持っている人がいるとします。この人はあと5年持てば、1年につき2％の利息を受け取り、１００万円の元本も受け取ることができます。しかしすぐに現金が欲しければ「5年間２％の利息を受け取れる国債」として売ることができます。

仮にいま、５年前より金利が下がっていて、５年もの国債の利率が年１％なら、「新しく発行された利率１％の５年もの国債」より、すでに発行されている中古の「利率２％で残存期間5年の国債」を買うでしょう。そうすると、この中古の国債の価格は上がります。たとえばこれを98万円で買ったとしましょう。5年後には100万円になって戻ってくる。すると2万円がトクする分ですよね。でも国債の人気が高まると、需要と供給の関係で国債の価格は上がり、99万円で売買されるようになります。こうなると、5年後には約束どおり100万円で戻るのだから、トクする分は1万円です。

国債が買われると、金利が下がるのは、こういうメカニズムです。逆にいえば、国債の人気がなくなると、国債の価格は下がります。満期に返ってくる金額は変わりませんから、増えた差額分がトクする分になります。つまり、金利が上がるのです。

さて、アメリカは初めて格下げされたのに、国債が買われました。なぜでしょう。

それは、**「質への逃避」という現象**です。

金融市場が混乱して、みんなが不安になったときはより質の高い安心なものへ逃げることを「質への逃避」といいます。つまりアメリカの国債は、他の国の国債や、ましてや株よりも安全でリスクが低いと見られたのです。

「**腐ってもアメリカ国債**」です。

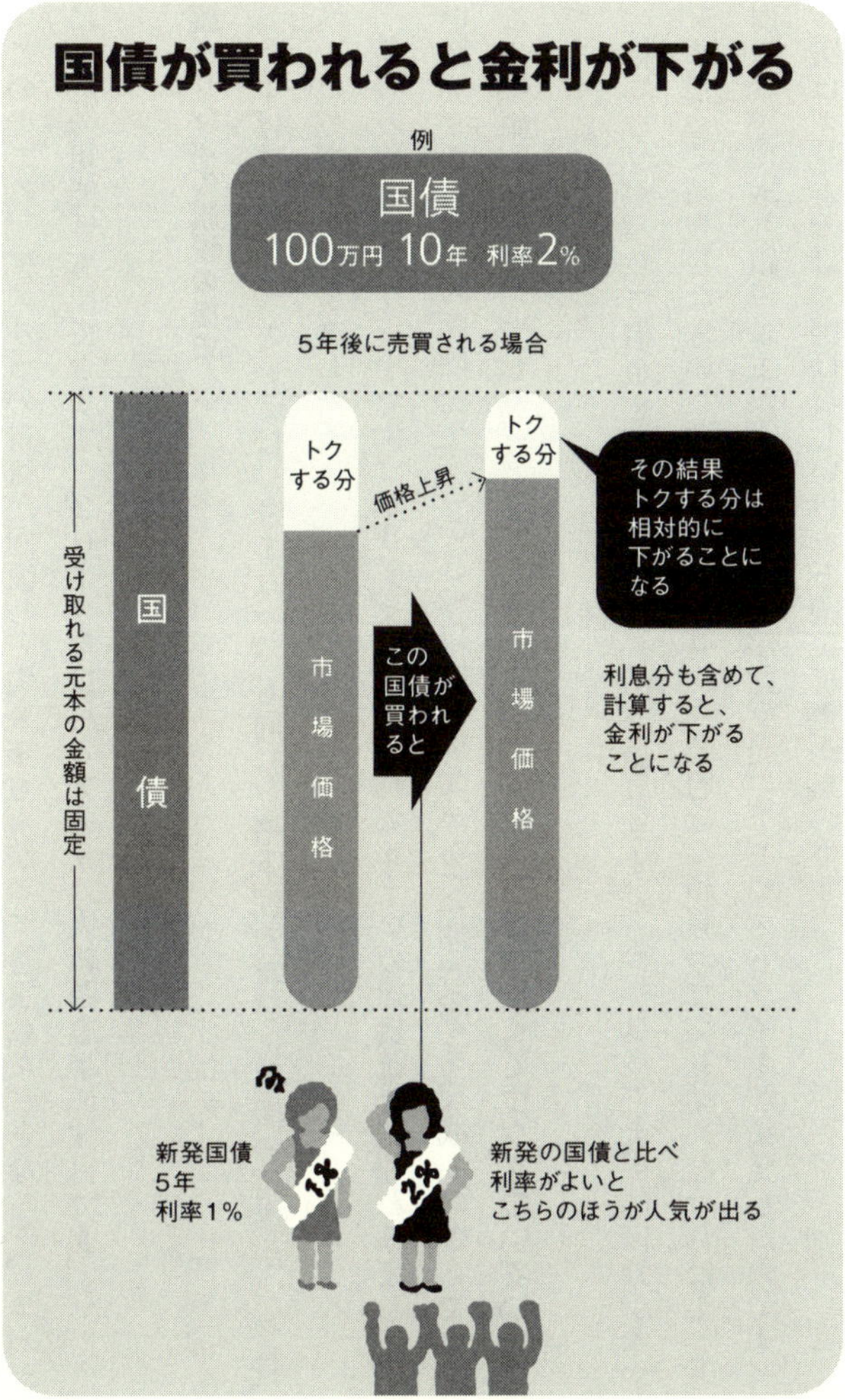
国債が買われると金利が下がる
例
国債
100万円 10年 利率2%
5年後に売買される場合
受け取れる元本の金額は固定
国債
トクする分
市場価格
価格上昇
この国債が買われると
トクする分
市場価格
その結果トクする分は相対的に下がることになる
利息分も含めて、計算すると、金利が下がることになる
新発国債
5年
利率1%
新発の国債と比べ
利率がよいと
こちらのほうが人気が出る

このところ、アメリカの景気が回復し、失業率も下がってきました。となると、オバマに再選の可能性も出てきます。２０１２年11月のアメリカ大統領選挙に注目です。

■ギリシャの脱税の歴史

「格下げに揺れた」といえば、ヨーロッパも同じ。格下げのたびに危機の再燃がいわれ、ユーロ危機が長引きました。

危機の発端はギリシャです。ギリシャは2年遅れでユーロの通貨統合に加わりました。財政赤字をＧＤＰ（国内総生産）の3％以内に抑え込んで加盟基準を達成したからですが、この数値が「粉飾」でした。どうしても**ユーロの仲間入りがしたくてウソをついていたの**です。

結局ウソがバレて借金を棒引きしてほしいと頼みます。「それなら、まずは自分が赤字を頑張って減らしなさい」と言われ、ギリシャ政府は「頑張って切り詰めなければ！」と財政緊縮に取り組みますが、これに国民が猛反発。デモやストライキが頻発したのです。

実はギリシャは、国は貧しいけれど国民は豊かなのです。

歴史をひもとくと、ギリシャはかつてオスマン帝国に支配されていました。オスマン帝国への抵抗運動として行われたのが、「脱税」です。オスマン帝国に税金を納めたくないという**「抵抗運動＝脱税」**だったのです。

ギリシャの場合、国民がきちんと税金を払うようになれば単年度の赤字は解消されるといわれています。緊縮財政も大事ですが、きちんと税金を徴収できるような仕組みを作ることでしょう。

ギリシャは、国民1人当たりのポルシェの所有率がヨーロッパ1位だそうです。ドイツにとってはお得意さま。何とも皮肉な話です。

■世界8位のイタリアが危険水域に

ギリシャの財政危機はスペイン、ポルトガル、ついにはイタリアにも波及しました。

「イタリアも危ないんじゃないか？」という不安から、イタリアの国債が売られ、価格が暴落し、利回りが急上昇しました。

国債を発行する国家にとって**国債の金利が上がるということは、借金のコストが非常に**

高くなるということです。

その一方で、ヨーロッパの銀行は、ギリシャやイタリアなどの国債を大量に持っています。これらが暴落すると、銀行は巨額の含み損を抱えることになります。

ベルギーでは2011年10月、金融機関大手のデクシアが経営に行き詰まり、一部が国有化されることになりました。デクシアは、ギリシャなど、巨額の財政赤字を抱える国の国債を大量に保有していました。国債が暴落して資産が目減りし、たちまち経営が立ち行かなくなってしまったのです。

こうなると、銀行間のお金の流れは止まります。「なるべく現金の形で持っていよう」と思うからです。資金の貸し借りが縮小し、貸し渋りによる企業倒産も急増しました。発展途上国に投資していたお金は現金化のために引き上げられ、インドやブラジルで株や通貨が下がりました。

いまの欧米の姿は、バブル崩壊後の日本の姿に似ています。各国は財政支出（借金）による景気刺激や、体力が弱った金融機関を救済するため巨額の資金を使いました。そのため財政状態が大幅に悪化してしまったのです。

一方で、金融政策でも市場に大量にお金を流し込む「金融緩和策」がとられました。アメリカの中央銀行（ＦＲＢ）は金利をゼロ％にしてお金を借りやすくし、さらに量的緩和でお金をジャブジャブと流したのです。

しかし、これが必ずしもうまくいきませんでした。

いくら金融機関にマネーを供給しても、大量の資金は金融市場の中で滞留しています。それどころか、**かえって投機マネーを大幅に増やし、世界経済を不安定にしてしまったの**です。

ギリシャの危機が終わらないと、ユーロもＥＵ（欧州連合）経済も安定しない。このため、ギリシャの借金を棒引きすることになりました。つまり、ギリシャが過去に発行した国債を保有している金融機関は、そのうちの53・5％分を債務カット、つまり債権を棒引きすることで、２０１２年3月にようやく話がまとまったのです。

■イギリスの憂鬱

ユーロがこうなった原因はどこにあるのか。

ユーロ経済圏が大きすぎて なかなか事態が収拾しない!?

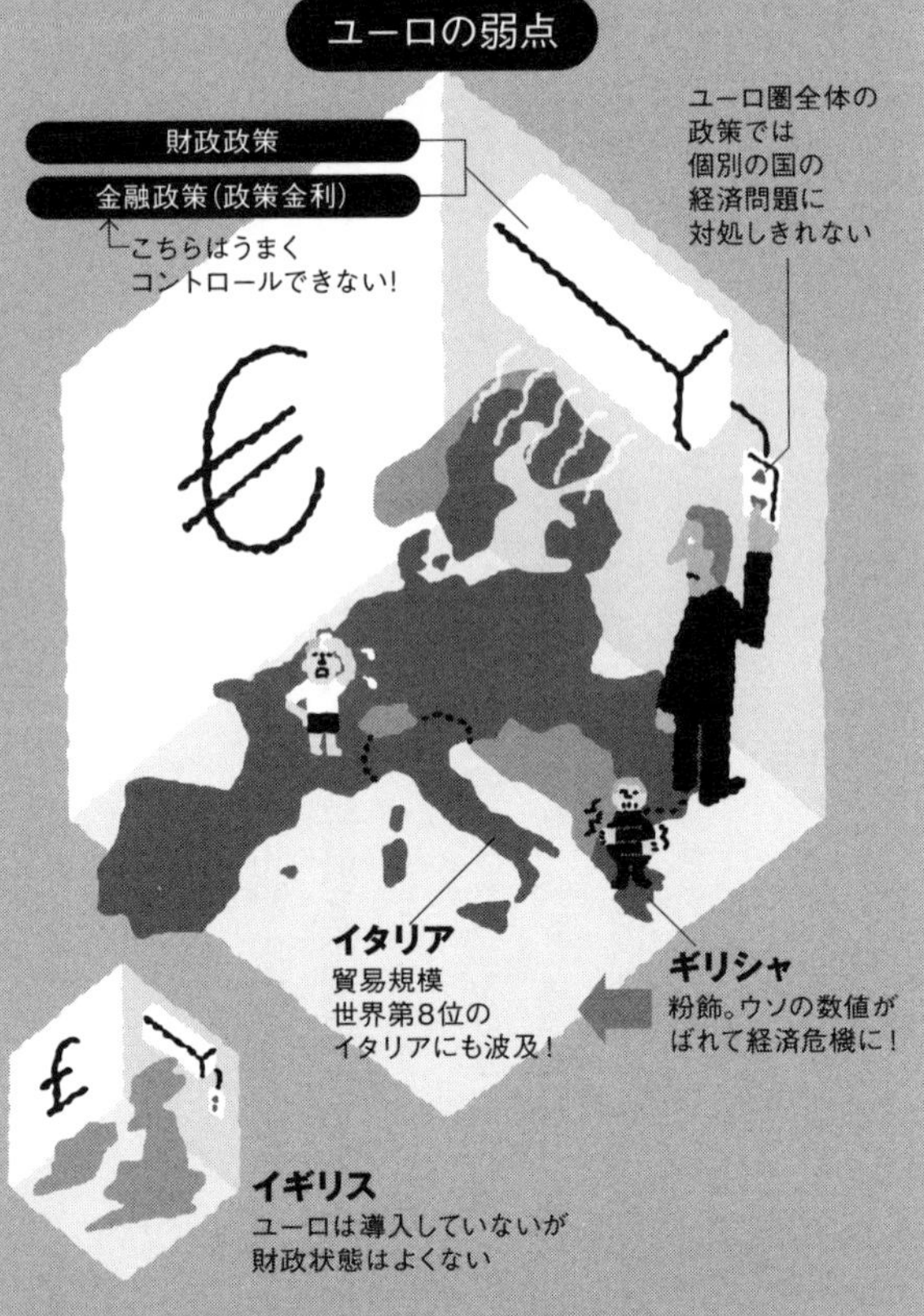

ユーロの弱点
財政政策
金融政策(政策金利)
こちらはうまく
コントロールできない!
ユーロ圏全体の
政策では
個別の国の
経済問題に
対処しきれない
イタリア
貿易規模
世界第8位の
イタリアにも波及!
ギリシャ
粉飾。ウソの数値が
ばれて経済危機に!
イギリス
ユーロは導入していないが
財政状態はよくない

そもそも、ユーロを管理しているのはＥＣＢ（欧州中央銀行）です。中央銀行は政策金利を決めるところ。欧州全体の景気を見渡しながら、金利を決めていきます。

しかし、財政政策は国によってバラバラです。国としてどれだけ借金をするのか、どれだけの予算規模にするのか、ということは、それぞれの国が個別に決めることです。

日本なら、金融政策も財政政策も自分のところだけで考えることができます。しかし、**ユーロの場合は金融政策と財政政策を同時に行うことができません。**それが今回の危機のいちばんの原因です。

ギリシャの景気が悪くなったからといって、金利を下げることができない。ＥＣＢはヨーロッパ全体の景気を見ているので、ドイツの景気が非常にいいとなれば、ドイツは逆に金利を上げる必要が出てきますから、全体としては金利を下げられません。

となると、自分の国でできる財政政策に頼ることになり、赤字をどんどん増やしても景気をよくするしかありません。結果、ギリシャのように大混乱になるのです。

経済状態が悪いと、その国の通貨は値下がりします。通貨が下がれば輸出が伸びて大量にお金が入ってきます。モノをどんどん輸出するようになれば、景気は回復してくる。

景気を調整する作用が為替にはあるのです。

ところが、そもそもユーロ圏全体で為替を考えなければいけないとなると、景気調整作用が期待できません。経済が大きく違う国が一緒になると、こうした問題が起きるのですね。

イギリスはEU加盟国ですが、ユーロは導入していません。首相だったトニー・ブレアはユーロを導入したくて国民を説得したのですが、「エリザベス女王がお札からいなくなるなんてとんでもない」と国民に却下されました。いまイギリス国民はユーロの窮状を見て「自分たちは賢明だった」と思っているでしょう。

しかし、そのイギリスも財政状態はよくありません。デーヴィッド・キャメロン首相は2010年の秋から緊縮財政に大きく舵を取っています。公務員の賃金をカットしたり、大学の授業料を上げたり、痛みを伴う改革を行っています。そのため、各地で暴動も発生しました。

国民に痛みを求める改革をすれば、必ず反発が出ます。日本も財政状態は深刻です。しかし、他国のこうした状況を見てしまうと政治家は躊躇してしまう。**自分が政治家である間はとりあえずこのままでいこうと先送りされてきたのが、いまの日本**なのです。

第4章　震災、原発事故後の日本は内憂外患のまま

■重大な岐路に立つ日本

２０１１年は、日本にとって歴史に残る1年となりました。3月11日午後2時46分、東北地方をマグニチュード9・0という国内観測史上最大の巨大地震が襲い、大津波が発生、死者・行方不明者が2万人近いという犠牲を出しました。

東京電力福島第一原子力発電所（原発）の事故からは、冷却機能の停止、崩壊熱、炉心溶融（メルトダウン）、水素爆発、ベクレル、シーベルト……等々の用語が飛び交いました。私たちはこれまで聞いたことのなかったような言葉を、毎日ニュースで聞くことになったのです。**今後の廃炉・除染工程は数十年に及ぶ**と見られます。

日本の危機はこれだけではありません。歴史的な円高、デフレ、財政赤字、少子高齢化、**解決しなければならない問題は山積しているのに、政局は混迷**しています。

政治は、**民主党の自民党化が急激に進みました**。野田佳彦首相を見ていると、〝古きよき時代〟の自民党の総理大臣そのものです。古きよき時代の自民党とは、「政・財・官」の〝鉄の三角形〟の中で、政治家は官僚の力を借り、財界のための政治をする。財界はそれに応えて政治資金を出す、あるいは選挙運動で自民党を応援する。

政権交代は
いったい何だったの!?
民主党
官僚の力を借りて
財界のための政治を行う。
古きよき自民党のよう
財
官
政
鉄の三角形
自民党
与党の言うことには
何でも反対。
まるでかつての
民主党のよう
政治主導！
No!
No!
政権交代
直後の
鳩山首相
谷垣
自民党総裁
政権交代の意味がない！
新しい動き
地方から
改革を！
政界再編
をしてやる…

自民党はこのトライアングルで、長期政権を続けてきました。

民主党がこれだけお粗末だと、本来ならあらためて政権交代を問う選挙をすべきでしょう。せっかく政権を取っても、ひっくり返されるんだということを民主党はそこで学ぶはずです。しかし、民主党に代わってどこに政権を取らせるのか。政権から下りた自民党がしっかりとした健全野党になっていれば、「今回は自民党に」と1票を入れられますが、その**自民党は、まるでかつての民主党のよう**です。

つまり、**与党の言うことに反対するだけ**。

森喜朗《よしろう》元首相が「自民党は消費税増税に賛成しなければダメだ。このあと政権を取ったらどうするんだ！」と執行部を批判していました。谷垣禎一《さだかず》自民党総裁は民主党の増税法案を「公約違反だ」と言っています。森氏は「反対して衆議院解散に追い込んだ後、自民党が勝ったらどうするんだ。消費税増税法案など出せないぞ」というわけです。

ごもっともです。珍しくいいことを言うなと思いました。

前回のマニフェストでは自民党も消費税率10％への引き上げを掲げていました。それを国民は知っているのです。

世界の国は何度も政権交代を経験してきました。それを日本はやってこなかった。なぜでしょう。次は日本の政治の流れを振り返ってみましょう。

■「保守」とは何か、「革新」とは何か？

「保守」という言葉があります。明確な定義はありませんが、「保守的」という言葉から連想されるように、「国を守る、伝統を守る」「いちばん日本人に合った生活を取り戻そう」ということなのでしょう。「革命」の対極にあると思えばいいでしょう。これに対し「これまでの社会を大きく変革させよう」という勢力が「**革新**」です。

戦後まもなくは保守政党がたくさんありました。ただ、保守の中にも、さまざまな色合いがありました。

１９４６年４月の衆議院総選挙で第１党となったのは、終戦直後に結党した日本自由党でした。当時、総裁だった鳩山一郎はＧＨＱ（連合国軍最高司令官総司令部）の公職追放命令でその座を吉田茂に譲ります。ここから保守が枝分かれしていきます。日本自由党は、民主自由党、自由党などに離合集散し、同じく保守の日本進歩党は改進党などを経て、日本民主党へと名前を変えていきました。

吉田茂は日米関係を重視し、アメリカ軍に防衛を依拠することで、軽武装国家・日本を実現し、防衛費を節約して経済を発展させようとします。

これに対して、鳩山一郎→岸信介→中曽根康弘に引き継がれた流れ、日本民主党は、独立国家・日本を重視しました。戦力を放棄した憲法の改正を通じて独自の軍備増強を意図しました。中曽根氏は、エネルギー自給による独立を考えて、原子力発電の導入を主張しました。

しかし、一方で革新勢力が台頭します。社会党はマルクス主義的な「左派社会党」と、ヨーロッパ的な社会民主主義を掲げる「右派社会党」に分かれていましたが、**小異を捨てて大同につくとして、左右社会党が統一**を果たします。

■日本の中の「東西冷戦構造」

社会党が統一したのを見て、保守勢力は危機感を持ちます。「日本が社会主義国になったら大変だ!」というわけです。

小さい違いは棚上げにして、**日本が社会主義になるのを阻止するためにはみんなでまとまろうとしてできたのが「自由民主党」**。いまの自民党です。**世界の「東西冷戦構造」が、そのまま日本の中に持ち込まれた**のですね。

それが1955年のことだったので、「55年体制」と呼ばれるようになりました。

その後、旧ソビエト連邦（ソ連）や中国との関係を重視する社会党と、アメリカなどの西側諸国との関係を重視する自民党が、国内の対立構造としてずっと続きます。

■日本は長らく1と½政党

「変えよう」という勢力に対抗したのが、自民党（＝反社会・共産主義）ですね。実は、自民党結党の目的は憲法を変えることでした。

第2次世界大戦後、ＧＨＱの下で、「戦争放棄」「武力を持たない」という日本国憲法ができました。この憲法に不満を持っている自民党の中の右派勢力は、独自の憲法を作ろうとしていました。憲法を変えるためには、国会の中で3分の2の勢力を確保しなければなりません。

一方、社会党は「いまの憲法はいいものだ」と考えます。国会の中で3分の1の勢力を維持すれば憲法改正を阻止することができます。

一般的に**「保守政党」のはずの自民党は、「憲法を変えよう」と考える「革新」**で、**「革新政党」のはずの社会党は、「憲法を守ろう」という現状維持の「保守」**という、不思議な構造が続いたのです。

日本が民主主義国家として成熟するためには、何度も政権交代を繰り返さなければならないはずが、**社会党は政権交代をする必要がなかった**のです。平和憲法さえ守れればいいから、国会の中で過半数を取る意欲がない。3分の1を確保していればいい。これが2大政党といわれつつ、55年体制が長く続いた理由です。

日本は長らく「1と½政党」だったのです。

■ようやく政権交代

55年体制が壊れたのは、1993年8月のことです。政治改革をめぐって自民党が分裂。野党が提出した内閣不信任案に賛成した小沢一郎や羽田孜《つとむ》らのグループが自民党を飛び出し、新生党をつくります。小沢とは別に「クリーンな政治」を目指していた武村正義や鳩山由紀夫らは、不信任案には反対したものの、やはり自民党を飛び出し、「新党さきがけ」をつくります。それより前、熊本県知事を辞めて「日本新党」を結成していたのが細川護《もり》熙《ひろ》でした。

内閣不信任案が可決されたため、宮澤喜一首相は衆議院を解散。総選挙の結果、自民党は過半数割れになります。そこで小沢は、**細川を総理大臣にかつぎ、8党の連立を組んで政権交代を遂げる**のです。

しかし細川政権は8カ月弱の短命に終わりました。小選挙区比例代表制の政治改革法案が成立したことで、次の目標を失い、燃え尽きてしまったというべきでしょう。

細川内閣が総辞職したことで、小沢は羽田をかつぎ、羽田内閣が成立します。しかし、小沢の強引な手法に反発した社会党は連立を離脱。羽田内閣は少数内閣に陥ります。一方、どうしても与党に返り咲きたかった自民党は、連立を離脱した社会党に接近。**社会党の村山富市《とみいち》委員長を連立政権の総理にするというウルトラC**を使って、自社さ連立政権を実現させます。かつて55年体制で**対立していたはずの自民党と社会党が、実は共通の地盤に立**

っていたことを国民に知らせることになりました。

総理になる準備がないまま総理になってしまった村山は、疲労困憊。短期間で政権を投げ出し、連立を組んでいた自民党の橋本龍太郎が総理に就任します。かくして、自民党が再び政権を掌握したのです。

その後は自民党政権を横目に、小沢が新生党を解体して新進党をつくったり壊したりしている中で、全く新しい市民の民主的な党をつくろうとして鳩山由紀夫と菅直人がつくったのが民主党です。「市民の力で民主主義を広める」が理念でした。しかし、いつまでたっても政党が大きくならない。この際、大胆に妥協しようとして小沢と組んでつくったのが、いまの民主党です。**小沢パワーを生かして、政権交代を実現させました。**

鳩山・菅のコンビが打ち出したのは、「政治主導」。官僚に頼らない政治でした。しかしやってみると、うまくいきませんでした。官僚を切り離したら全く機能しなくなったのです。やはり官僚をうまく使わなければいけない、あるいは経済界とも関係をよくしていかなければならない……、**ふと気がついたら、再び官僚との関係が緊密になった保守政党ができあがっていました。**それがいまの野田民主党です。

野田民主党は、自民党が果たせなかった政治課題に取り組んでいます。それが**消費税率の引き上げ**です。

■やっぱり消費税率は上げなきゃダメ？

政府は、消費税率を引き上げる法案を２０１２年１月から始まった通常国会に提出しました。それによると、いまの税率５％を、２０１４年４月から８％に、２０１５年10月から10％にする予定です。

なぜ上げるのか。年金財源を含め、ありとあらゆる財源が足りないからです。

年金にはいわゆる「基礎年金」と呼ばれる部分があります。これまで３分の１を国民の税金で負担していたのですが、２００４年の自民党と公明党の連立政権時代に「２分の１に引き上げよう。増やした部分は将来、消費税率を上げた分で賄おう」と決めました。

とりあえず２０１１年までは埋蔵金で賄うことができました。とうとう埋蔵金も底を突いて、どうしようもなくなったのですね。

もともと決まっていたことを、先送りしてきただけなのです。

消費税率を引き上げようとする試みは、「社会保障と税の一体改革」と呼ばれます。名前だけ聞けば、聞こえがいいのですが、わかりやすくいえば**「社会保障費が足りなくなったから消費税率を引き上げます」ということ**です。

年金の国庫負担（国民の税金）分を3分の1から2分の1に引き上げることで足りない差額分は2兆6000億円です。この2兆6000億円分は「年金交付国債」を新たに発行して、年金積立金管理運用独立行政法人（年金財源を運用している組織）からお金を借りますよ、という話です。しかし、野党から〝粉飾まがい〟と批判され、発行を断念する公算が大きくなってきました。

■財務省が「年金交付国債」というウルトラCを考えた！

「年金交付国債」とは何か。年金の足りない部分は消費税で賄うといっても、消費税はすぐには入ってきません。

普通の国債なら、金融機関なり個人なりに対して国債を売りますね。国にはすぐお金が入りますが、満期になれば現金を返さなければなりません。

しかし年金交付国債は、年金積立金管理運用独立行政法人に「とりあえず２兆６０００億円分借りるよ」と言って渡し、プールしてある金庫からお金から借り、消費税率が上がったときにそれで返すことが可能です。

つまり、**「お金ができたときに払うからね」という〝前借り〟の仕組み**です。年金積立金管理運用独立行政法人は政府系の機関ですから、催促されることもありません。

なぜこんなことをするのか。**年金交付国債は一般会計に入れなくていいから**です。政府は「一般会計予算を減らします」という公約を守るために、ズルをしたのです。財務省がウルトラＣを考えたのですね。

消費税率を上げなければならない仕組みを作ったのは、自民党と公明党です。社会保障費（年金・医療・介護など）は放っておいても毎年１兆円ずつ増えていくから、消費税率を上げようということでした。

それなのに、野党になった途端に、民主党政権に「消費税増税反対！」と言っているのですから、今度与党になったときにはどうするのだろうと聞いてみたくなります。

消費税率を１％上げると２兆６０００億円の税収になります。５％上げたところで、安

社会保障費が足りないから消費税率を上げる!?

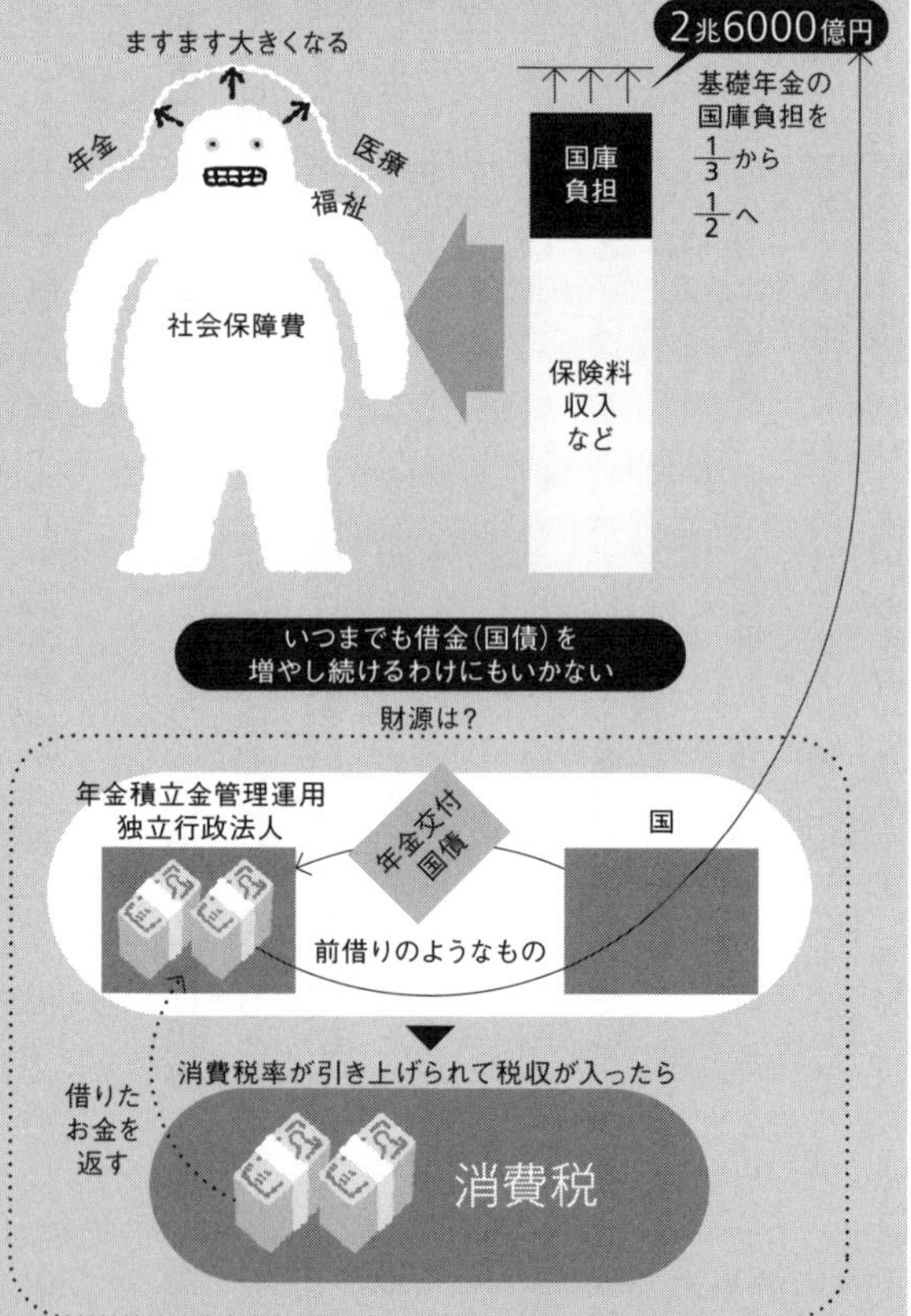

泰ではありません。これから団塊の世代が次々に年金受給者となっていきます。専門家の試算によると、現状を維持するためには消費税率は17％にしなければ不可能だといいます。さらに年金を安定させるには20～25％にする必要が出てきます。

消費税率を10％にしても、赤字が増えるスピードを遅くするだけなのです。

■日本はギリシャ化しないのか？

そうこうしているうちに、日本の借金の額はついに１０００兆円を超えました。日本の借金はどんどん増えています。日本はざっくりいうと、毎年の国家予算90兆円のうち40兆円を税収、50兆円を借金で賄っています。そして予算90兆円のうち、20兆円は借金の返済です。**対ＧＤＰ（国内総生産）比で見ると日本の財政赤字は先進国で最悪。**危機だといっているギリシャよりはるかに深刻なのです。

それなのに日本の格付けが、どうしてギリシャやイタリアのレベルまで下がらないのかというと、**消費税率を上げるゆとりがまだあるから**です。日本の消費税率５％は、20％が当たり前のヨーロッパ各国に比べ、ずっと低く、20％まで上げるにはまだ15％もゆとりがあるからです。

もうひとついえば、日本はお金を借りている相手がギリシャとは違います。ギリシャの国債の大半は外国の金融機関が買っています。**しかし日本国債を持っているのは91・5%（2011年12月末現在）が日本国民です**。私たちが銀行や郵便局に預けたお金で、金融機関が日本国債を買っているのです。私たちがすぐに引き出したりしないからギリシャのようになっていないだけです。

ただ、先にも言ったように借金の額は1000兆円です。私たちの個人金融資産は1400兆円といわれています。そのうち400兆円はローンなど。これを差し引くとちょうど1000兆円。これが、金融機関が国債を買う資金に使われています。つまり、**国債を買える余力は、日本国内にはほとんど残されていない**のです。

しかも、これから高齢者が老後の生活ために備えた貯蓄をどんどん取り崩していくとなると、まもなく日本の銀行、個人では買い切れなくなります。するとどうなるか。外国人に買ってもらうしかありません。いまやゆとりがある国は中国くらい。外国人の保有比率が高まってくると、ギリシャのようになる危険性が高まります。外国人は、日本のために国債を買っているわけではありません。資金運用のためなのですから、日本国債の格付けが下がったり、日本の財政状況がさらに悪化したりしたら、さっさと売り払って逃げてしまう可能性があるからです。そうなれば、日本が〝ギリシャ〟になるのです。

日本はいま、異常に国債の金利が低い、つまり異常に安い金利で借金ができる国です。しかし2011年11月下旬、ヒヤッとする出来事がありました。ヨーロッパ各国の国債の金利が一気に上昇したとき、日本国債も一時、金利が跳ね上がったのです。

金利が1％上昇すれば、1兆円を超える利払い費用が新たに必要となります。わずかな金利上昇でも、利払いが膨らんで国の財政を圧迫します。

国債の新規発行を、何としても食い止め、国債発行残高を減らしていかなければならないのです。そのためには、どうすればいいのか。増税と支出切り詰めしかありません。

■戦略なき日本外交、TPPをどうする？

日本を悩ませている問題に、TPPもあります。TPPとは「環太平洋戦略的経済連携協定」。要するに**太平洋に面した国々で、自由な貿易をすることによって、みんなで仲よ**

く経済発展をしていきましょうということです。

そもそも、戦後の国際貿易のルールの始まりは1947年調印のGATT（関税および貿易に関する一般協定）です。世界恐慌により各国が保護貿易になったから、国際的なマーケットがどんどん小さくなって経済がしぼんでいった。それが、戦争につながった歴史がありました。その反省から、関税を撤廃したり、引き下げたり、不公正な障壁を撤廃したりしながら、**自由な貿易で国際経済を発展させれば戦争防止につながるという発想**です。

GATTはあくまで「一般協定」でしたが、それがやがてWTO（世界貿易機関）という恒常的な組織となりました。現在、153の国や地域が参加しています。

しかし逆に153の国や地域もが参加すると、これらの国が一堂に集まっても話がまとまりません。多すぎて利害が対立してまとまらない。だから、「まとまるところだけでとりあえずやろうよ」ということになり、個々の国々によるFTA（自由貿易協定）やEPA（経済連携協定）が広がっていきます。

FTAは、モノ（商品）の輸出入に関税をかけないようにするものですが、それにさらにサービスや人の移動、投資といった幅広い分野で連携していこうというのがEPAです。

その一環として、２００６年に南太平洋においてシンガポール、ブルネイ、ニュージーランド、チリの４カ国では、とりあえず手を結ぼうとＴＰＰが始まっていました。シンガポールはそもそも農産物を作っていない。ブルネイは天然ガスが豊富。ニュージーランドとチリは農業国。それぞれが補完しあう形になるのでちょうどいいのです。

これに注目した周辺のベトナムやマレーシア、オーストラリア、ペルーが加わります。

ここにアメリカが加わったので、すっかり様相が変わってしまいました。アメリカはＴＰＰで経済を回復させようと考えたのです。**巨大なアメリカが加わったことで、ＴＰＰはアメリカ中心の組織に姿を変えました。**

■ＴＰＰはアメリカの陰謀か？

アメリカの参加を機に、世界がＴＰＰに注目し始めました。日本が交渉のテーブルに着くと発表すると、カナダ、メキシコも参加を表明しました。日本の方針に刺激されたのです。ＴＰＰは、「さまざまな共通のルールを作って経済発展しよう」というのが目的ですから、関税をなくす以外の目的もあります。

ＴＰＰで議論されるのは21分野。関税に関係するのは２分野のみで、その他は関税には関係がありません。たとえば、「衛生植物検疫」というのは、食品の安全基準を共通にしましょうということです。日本には独自の基準がありますが、もし共通のルールになれば日本のＢＳＥ（牛海綿状脳症）対策の基準に代わって、アメリカのゆるやかな基準が押し付けられるかもしれません。遺伝子組み換えの表示も同様です。

医療の分野では日本が世界に誇る「皆保険制度」がなくなるのではないか、と心配している人もいます。アメリカの医療が入ってくれば、最先端医療が受けられると賛成の声もある一方で、貧富の差で受けられる医療に差が出る可能性があります。「ビジネスは自由競争」が原則のアメリカは、「われわれの自由なビジネスを妨害する」という理由で、国民皆保険制度をやめるべきだと言ってくる可能性があるというのです。

「ＴＰＰはアメリカの陰謀だ」という意見もあります。オバマ大統領は「２０１４年までの5年間で輸出を倍増させたい」と明言しました。その目的を達成するために、日本市場を奪おうとしている、というのです。

しかし、考えてみれば、**どこの国だって、損得勘定で参加するかどうかを決めています。**

いったん参加したら、自国に都合のいいようにルールを作ろうとするのは当り前のことです。アメリカがＴＰＰに加わるのは、自分の国に利益があるようにしようとするからです。それをアメリカの陰謀というのであれば、どこの国にも陰謀があるということになります。

野田内閣は、とりあえず交渉のテーブルに着くと表明しました。本音はＴＰＰ参加です。でも、もし参加するなら、本当に日本の利益になるような交渉をしてくれないと困ります。日本の主張を守りながら、協力もする。その中で**日本の国益をどこまで守れるか。守ってくれる政府なのかどうか、私たちはきちんと見ていきましょう。**

■手ごわいのはアメリカより中国⁉

日本の過去のアメリカとの交渉の歴史では、かつては１９５０年代の「日米繊維交渉」がありました。日本の繊維産業がアメリカに進出することで、日本製の安価な綿製品がアメリカの市場を席捲。米国繊維業界が悲鳴を上げ、その圧力を受けたアメリカ政府が日本に「何とかしろ」と言ってきたのです。「日本からの輸入をストップしようか」と言われたとき、それを何とか阻止しようとして、日本は繊維業界の自主規制をまとめました。日本がアメリカへの輸出を凍結するのではなく、一定の伸びまでは認めさせたのです。「ものすごい伸びは自主規制しますが、一定の伸びは認めてください」というわけです。

その後の「日米自動車摩擦」のときは、日本は数量規制という形をとり、その一方で日本企業がアメリカに進出。アメリカ市場でアメリカ製の日本車が大量に売れました。そういう意味では、**日本はアメリカとの交渉はずいぶん経験を積んできています**。

ただ、それ以外の多国間の交渉の経験は、あまりありません。ましてや、中国のようなしたたかな国とは未経験です。その経験をこれからどう積んでいくのか。

アメリカとの交渉の経験は中国には応用できないでしょう。13億人の国のトップとは、ライバルを蹴落とし、裏切り、権謀術数で勝ち抜いてきた人です。そういう人間を相手に交渉をしなければなりません。

日本側から交渉の場に出る人たちは、「勉強ができる」というだけでキャリア官僚になった人たちが大半です。人を蹴落とさなくても、裏切らなくても、エリートになって国を動かせます。性善説でぬくぬくと育ってきた人たちが世界相手にどこまでやれるのか……、試練のときですね。

■インテリジェンス感覚なき日本のトップたち

２０11年7月、一人の衆議院議員の公務用のパソコンに届いたメールの添付ファイルが開かれたことをきっかけに、衆議院のサーバーがコンピュータウイルスに感染しました。

コンピュータに潜入したウイルスは、サーバーから強制的に別のところにあるサーバーにアクセスするよう仕組まれていました。これによって衆議院議員のＩＤ・パスワードが盗まれ、議員の持っている情報を全て見ることが可能になったのです。

そのサーバーは中国にありました。このウイルスを分析すると、中国の簡体字（字体を簡単にした漢字）が入っているキーボードで作られたことがわかりました。

もし議員がそのパソコンで、人に知られたくないような用件のメールのやりとりをしていたら、それも全部見られてしまったはずです。にもかかわらず、それを知った衆議院の事務局はそのことをなかなか議員に知らせず、知らされた後もパスワードを変えた議員は少なかったといいます。

サイバー攻撃に関する危機管理が極めて甘いと言わざるをえません。日本の国会議員には、これによって、中国に弱みを握られた人が大勢いるのではないでしょうか。中国はプライバシーを全て握れば、その後、個別に脅しをかけることができます。

コンピュータウイルスが怖いのは情報を盗まれるからだけではありません。**発電・送電網をマヒさせて大規模な停電を引き起こしたり、原子力発電所を暴走させたりすることも原理的には可能**なのです。

青森県の三沢基地には、アメリカNSA（国家安全保障局）の盗聴装置があります。東西冷戦時代には旧ソ連や中国、北朝鮮の軍事通信を傍受していたのですが、冷戦が終わってもなくなりませんでした。

これらのパラボラアンテナは、まるで巨大なゴルフボールのようなドームに覆われているのですが、ドームで覆う理由は三つあります。ひとつは雨風を防ぐため、二つ目は、高周波が出ているので、ここに鳥が飛んできて〝焼き鳥〟になるのを防ぐため、三つ目は中に入っているパラボラアンテナがどちらの方向を向いているかを隠すためです。

つまり、アンテナのいくつかは、日本国内での通信の盗聴をしているのです。私たちの携帯電話、ファクス、電子メールの内容まで、アメリカはあらゆる情報を傍受しています。

これからTPPの交渉をするにしても、相手は全てを知っている、こっちは何も知らない……、これでは日本に有利な交渉などできません。

アメリカはこうしたインテリジェンスの手法も導入して、自分に有利なように交渉を行うのです。

以前、こんなことを聞きました。当時、通商産業省（現在の経済産業省）の交渉スタッフがアメリカで会議をしたとき、ホテルで間違えて自分たちが宿泊するひとつ下の階の部屋に入ったら、天井一面に盗聴装置が仕掛けてあったというのです。

ちなみに**日本は、海外のスパイたちから「スパイ天国」と呼ばれています。**

■橋下大阪市長が仕掛ける地方からの変革

日本中が閉塞感に包まれる中、一人気を吐いているのが橋下徹大阪市長です。彼が代表を務める「大阪維新の会」は、次期衆議院選挙で200議席の確保を目指し準備をしているようです。2012年3月には「維新政経塾」を立ち上げ、候補者の養成を始めました。応募者の中に民主党の現職国会議員がいたのですから、お笑いです。

橋下市長が実現を目指している「大阪都構想」とはいったいどんなものなのでしょう。

別に大阪を「首都」にしたいという構想ではありません。

大阪都のイメージをつかむには、東京都の成り立ちを振り返るのが早道でしょう。

かつては東京も「府」でした。明治時代の初めに廃藩置県が行われたとき、明治政府にとってとくに重要な東京と大阪と京都を「府」にしたのです。その後、東京府内の中心部が東京府から分離して、東京市が誕生しました。

ところが、東京府と東京市は仲が悪く、**二重行政も問題になります。府と市が、別々に同じようなことをするのです。実に無駄が多くなります。**

これを解消するため、東京府と東京市を統合。１９４３年７月に東京都が誕生しました。そして、東京市だったところが、現在の東京23区になりました。しばらくは区長は都の職員が任命されていましたが、選挙で選べるようにして、それなりの自治を可能にし、都と区の財源配分などの大きな権限は都が握る仕組みにしました。

大阪もこれをやろうというわけですね。

大阪府は経済が地盤沈下し、税収が減り、新規事業がなかなかできません。その一方で、大阪市は「公務員天国」などといわれ、給料も高いうえに職員の背広を「制服」として市

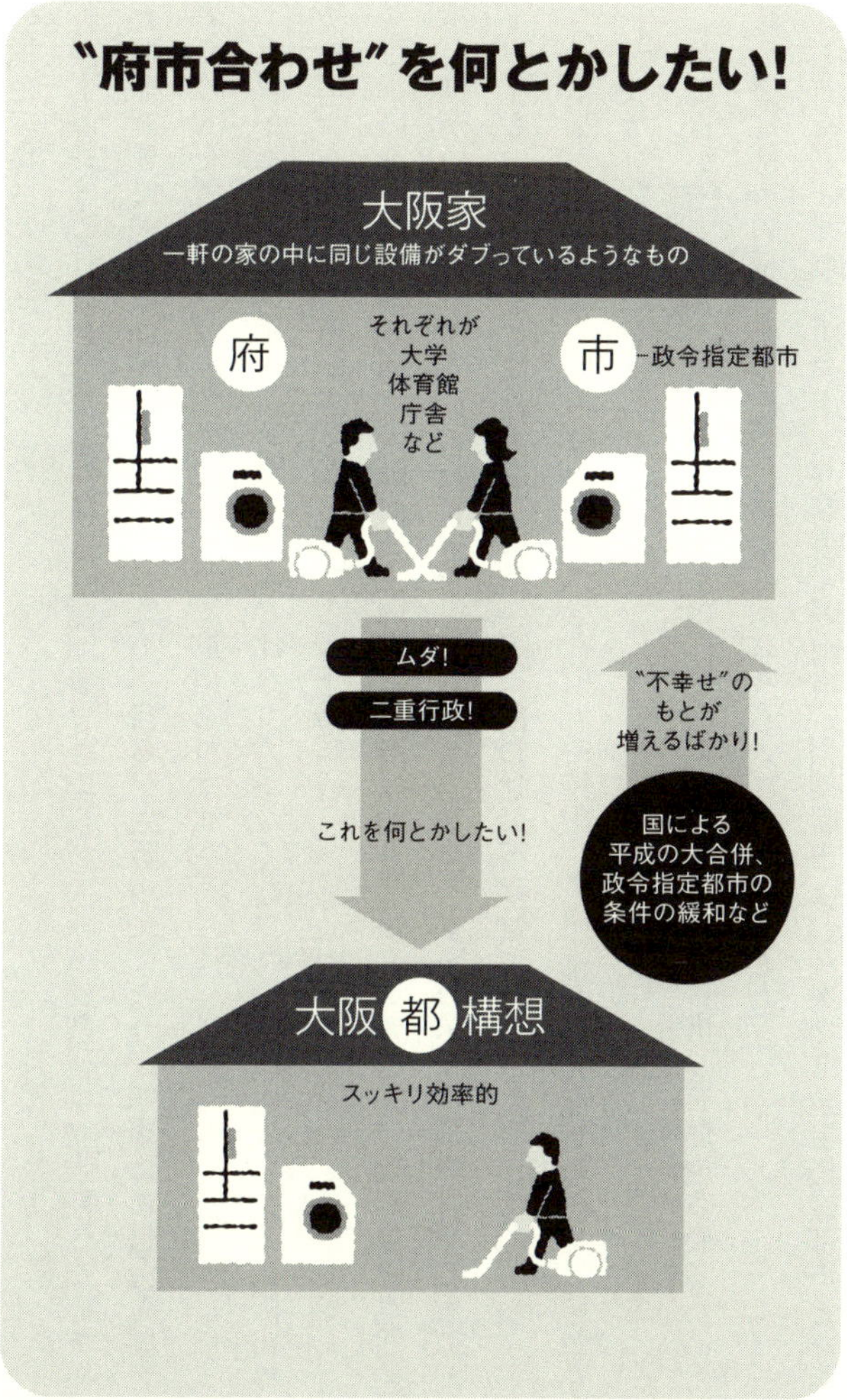
“府市合わせ”を何とかしたい!
大阪家
一軒の家の中に同じ設備がダブっているようなもの
府
それぞれが
大学
体育館
庁舎
など
市
政令指定都市
ムダ!
二重行政!
“不幸せ”の
もとが
増えるばかり!
これを何とかしたい!
国による
平成の大合併、
政令指定都市の
条件の緩和など
大阪都構想
スッキリ効率的

の税金で作ったりしていました。

橋下市長はこれに怒り、本人は大阪府知事を辞任し、大阪市長選挙に立候補したのです。大阪都構想に大阪市長が反対しているため、自らが大阪市長になり、知事には自分と同じ考えの人を置けば、大阪都構想を一気に進められます。

「大阪が上海やソウル、シンガポールと比べて力がなくなったのは、大阪府庁と大阪市役所の二つも大きな役所があるからだ」と橋下市長。

こういう問題があるのは大阪府と大阪市だけではありません。たとえば愛知県と名古屋市、神奈川県と横浜市なども同じです。「政令指定都市」と「府県」の関係はどこも似たようなものなのです。これを府と市の「**府市合わせ（不幸せ）**」などといいます。

政令指定都市には「県庁並み」の大きな財源や権限、人事権が与えられるので、それを手放したくないのですね。

ところが国では、二重行政の弊害を指摘しつつ、「平成の大合併」を促進させるために政令指定都市の基準を人口１００万人から70万人に緩和しました。

その結果、堺市、新潟市、浜松市、岡山市、相模原市などが次々と政令指定都市となり、

「不幸せ」のもとは増えるばかり。政令指定都市は２０１２年春、熊本市の移行で全部で20市になりました。全く何を考えているのやら。

大阪都構想を実現させるためには、法律の変更が必要です。そのためには国会議員の協力を得なければなりません。橋下市長は当選した後、さっそく上京して与野党の国会議員と面会しました。現在、民主党と自民党はいずれも支持率が低く、次の衆議院総選挙では、単独過半数の確保は難しい状況だけに、**大阪維新の会が衆議院選挙でキャスティングボートを握る可能性も**あります。そうなれば、橋下市長が衆議院議員に転身し、総理大臣に……、などという構想を、果たして本人は抱いているのか、どうか。

第5章　浮上してきた新たな国

■イスラム金融に注目

長期独裁政権が倒れたチュニジア、エジプト、リビアでは、イスラム勢力が大きな力を持つに至りました。**アラブ諸国では、政教分離の欧米型の民主主義国家より、イスラム教の教えに基づく国づくりを目指す動きが強まっています。**

そんな中、注目が集まっているのが「**イスラム金融**」です。

イスラム金融とは何か。

イスラム金融に基づく銀行では、日本や欧米などの銀行と違って利息が付きません。聖典『コーラン』に「アッラー（神）は、商売はお許しになったが、利息取りは禁じたもうた」とあります。利息は不労所得であるという考え方があるからです。

とはいえ、金利が付かなければ、銀行は預金を集めるのが困難です。そもそも金融業が成り立ちません。

そこで「商売」という形にすればいいと考えたのですね。「利息」ではなくビジネスの「手数料」なら許されるからです。

たとえば、車を買いたいAさんがいたとしましょう。普通の銀行ならAさんに車を買う

イスラム金融には利息という考え方がない

イスラムの教えにのっとった金融取引

イスラム金融

- 利息を取ることを禁ずる
- ギャンブルや豚肉、アルコール（お酒）などへの投資を禁ずる

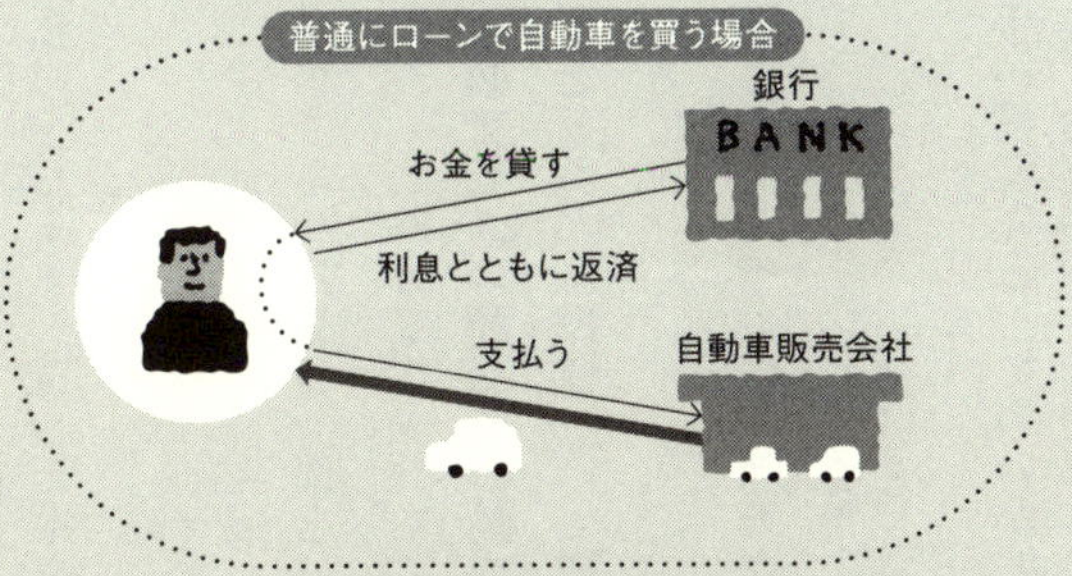

お金を融資し、Aさんは購入した後、利息を付けて借りたお金を銀行に返していきます。イスラム金融では、銀行が支払いをします。買った車をAさんに手数料を加えて売る仕組みです。

資金を必要としている企業があれば、銀行は、お客さんと一緒になって、企業に投資。企業が利益をあげたら、銀行とお客さんが利益の一部を分け合います。

普通の金融は、お金だけが動いて、お金がお金を生むこともありますが、**イスラム金融では必ず実物が一緒に動きます。必ずモノ（商品）の動きが伴う。**だからバブルが発生することがありません。借りたお金をどんどん投機として増やしていくようなことはできない仕組みです。極めて堅実なやり方です。

私は、このイスラム金融を実践しているサウジアラビアのイスラム開発銀行の会長に取材しました。彼は「投機ではなく、投資が大事。マネーゲームをする銀行とは一線を画す」と言っていました。

会長いわく「われわれは、相手が投資先としていいかどうかをしっかりと見極める。最も重要なことは、投資する側も投資される側もお互いをリスペクトすること」。つまり、それは本来の金融なのですね。**投機に走らない本物の経済**なのです。

日本の銀行も、そもそもは「この会社は発展するかどうか」と見極めてお金を貸していたはずなのが、いつしか「担保があれば貸そう」となってしまいました。

ギャンブルのような「投機」で世界に金融不安が広がった反省から、今後、イスラム金融、あるいはイスラム金融的な考え方が広がっていくのではないでしょうか。事実、日本の金融機関の〝イスラム銀行詣で〟がブームになっています。

「相手を尊敬しないと投資ができない」という考え方に基づけば、金融危機を避けられる可能性が高くなると思うのです。

■中東地域発展のカギを握るトルコ

石油資金によって発展するアラブ諸国ですが、これまでビジネスの経験をあまり積んでいません。そこで**重要なポジションにいるのがトルコ**です。

ドバイへ行っても、「外資」というと、その多くがトルコ系企業でした。トルコというのは**イスラム圏とヨーロッパの間に位置**し、ヨーロッパ的なビジネスのノウハウを蓄積している一方で、イスラム教徒の国なので欧米の企業よりイスラム圏の国に受け入れられやすいのです。

イスラム圏の発展の背景にあるのは、オイルマネーだけではありません。人口爆発です。イスラム教徒は世界の総人口のおよそ20％を上回り、キリスト教徒の数を上回って2025年には世界の人口の30％を占めるかもしれないと推定されています。

働き手が増えて消費が活発になる。それを取り込めるのがトルコです。トルコは順調に経済発展が進み、主要都市イスタンブールでは、オフィスビルに加え、ショッピングモールやマンションの建設が急ピッチで進んでいました。オスマン帝国以来の「トルコの時代」を予感させました。

■トルコの「EUへの片思い」が一気に冷めた

その一方で、中東にはシリアのように依然として安定していない国があったり、イラクのようにシーア派とスンニ派勢力で激しい対立があったりする国もあります。

そんな中、アメリカの支配層の中には、「どうも第1次世界大戦後のあの辺の国の分割がうまくいかなかったのではないか」（オスマン帝国を分離したとき、そこに住んでいる人たちを民族や宗教に関係なく、イギリスとフランスが勝手に分けた）、「オスマン帝国（トルコ）に任せればよかったのではないか」と考え、戦略を練っている勢力がいます。

トルコなら、かつてのオスマン帝国時代にそれぞれの国を支配していた経験もあります。同じイスラム教徒だし、一応、民主主義の国でもあります。欧米が口を出すと〝十字軍（聖地エルサレムをイスラム教徒から取り戻すために派遣した西ヨーロッパ・キリスト教諸国の遠征軍）の再来〟になってしまうので、トルコをうまく使ったほうがいいのではないか、というわけです。

トルコはずっとEU（欧州連合）に入ることを切望していました。「トルコ建国の父」ケマル・アタチュルクは、オスマン帝国崩壊後、政教分離（宗教と政治を分けること）を徹底しました。トルコ文字の表記をアラビア文字からアルファベットに変えたのですから、劇的です。アラビア文字は右から左へ書くのに、その逆に書くアルファベットにしたのです。女性には、公の場所でスカーフを被ることを禁じました。何としてもヨーロッパの一員になり、近代化を進めたかったのです。

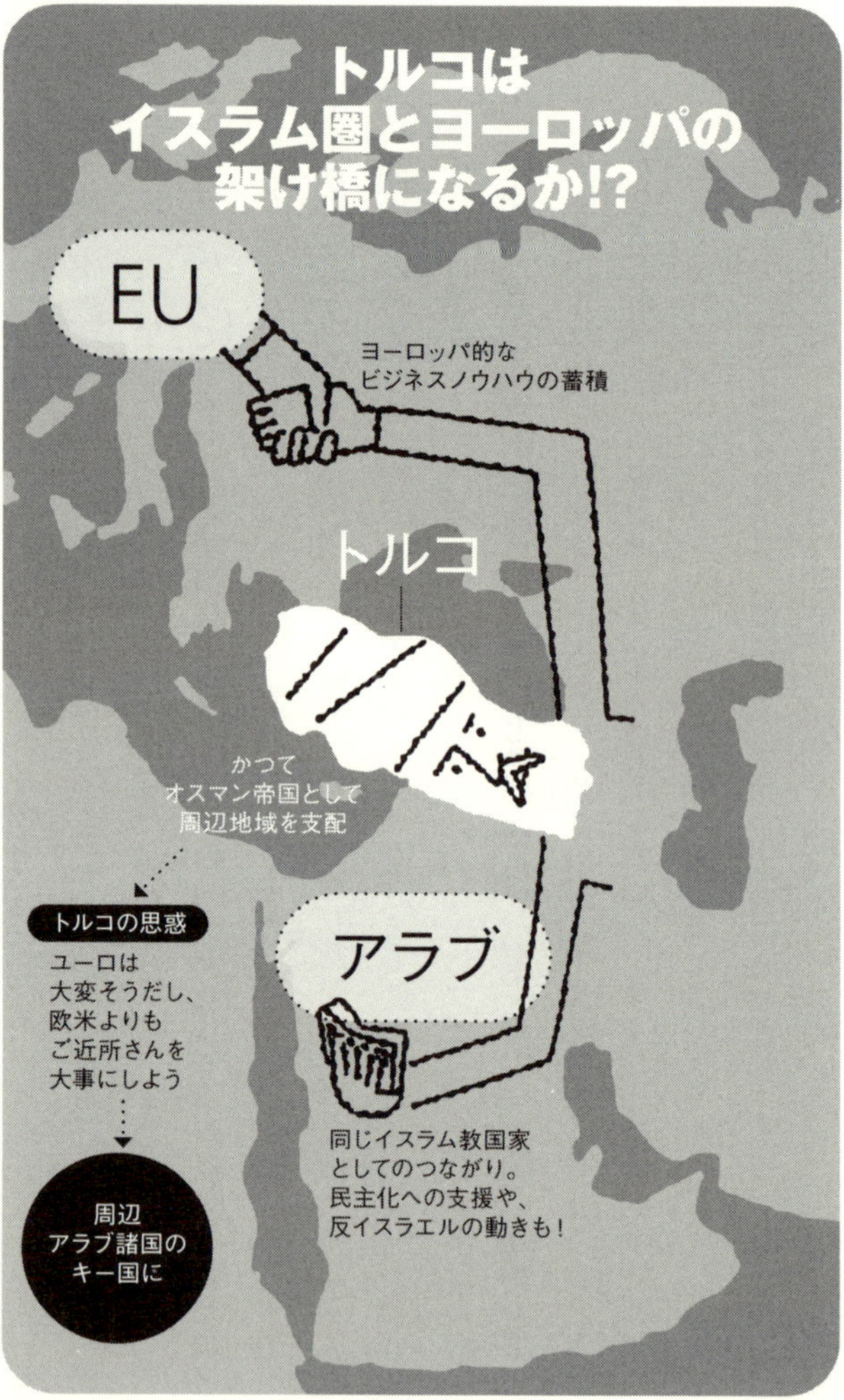

トルコは
イスラム圏とヨーロッパの
架け橋になるか!?
EU
ヨーロッパ的な
ビジネスノウハウの蓄積
トルコ
かつて
オスマン帝国として
周辺地域を支配
トルコの思惑
ユーロは
大変そうだし、
欧米よりも
ご近所さんを
大事にしよう
周辺
アラブ諸国の
キー国に
アラブ
同じイスラム教国家
としてのつながり。
民主化への支援や、
反イスラエルの動きも！

　ところが、ユーロが危機になったのを見ると、ＥＵに入ってもいいことはなさそうです。**いまやトルコのＥＵ加盟熱は急激に冷めてしまった**ようです。

　大きな転換となったのは、２００２年に現与党の公正発展党（ＡＫＰ）が政権を握ってからです。この党はイスラム勢力。欧米寄りだった外交方針を修正し、アラブ各国との関係を強化することにしました。それでも、２００３年に就任したエルドアン首相の妻がスカーフを被って公の場に出たとき、最初は「アタチュルク以来の伝統を破るものだ」と国内で非難されました。いまではそんなことはありません。

■欧米重視から近隣諸国重視へ

　トルコが反イスラエルを打ち出したことも、アラブ諸国への影響力が高まった要因です。トルコは反イスラエルの国ではなかったのですが、なぜ反イスラエルになったのか。

　２０１０年５月、イスラエルによって封鎖が続いていたパレスチナのガザ地区に、トルコから支援物資を運んでいた船がイスラエル軍の急襲を受けて拿捕《だほ》され、トルコ人活動家ら９人が死亡しました。この事件について国連の調査委員会が組織され、２０１１年９月、イスラエル軍の行為を「過剰で不適切」とする報告書をまとめました。

すると、イスラエル政府は、「失われた命に哀悼の意を表するが、兵士の自衛行為について謝罪はしない」と声明。これに怒ったトルコ政府は、イスラエルの駐トルコ大使を国外追放にしました。

エルドアン首相が強烈な反イスラエルの演説を行うと、アラブ諸国は拍手喝采。その後、首相がアラブ諸国を回ると、英雄として大歓迎されました。

周辺のアラブ諸国から支持されているトルコは、こうして中東での発言権を強めています。内戦状態になっているシリアの難民を、トルコとの国境付近に安全地帯をつくって、一時受け入れたらどうかとの案も出ています。

かつての巨大なオスマン帝国の再現は無理だとしても、**トルコには「ミニオスマン帝国」の野望はあるのではないでしょうか。**トルコは大変な親日国でもありますから、日本にとっても中東世界との関係を深める大きなチャンスといえます。

■急速に進む民主化、資源狙いの大国が注目するミャンマー

このところ、各国首脳が相次いでミャンマー（旧ビルマ）を訪問しました。いまバンコクからヤンゴンへの直行便の飛行機は、日本人ビジネスマンで連日いっぱいです。

いったい何があったのか。

ミャンマーは天然資源が豊富で、「東南アジア最後のフロンティア」といわれています。そのミャンマーが民主化に向けて動き始めたので、各国が関係づくりを模索し始めた、というわけです。

ミャンマーは１９６０年代から独裁政権が続いていました。１９９０年５月の総選挙で民主化運動の指導者アウン・サン・スー・チー氏が率いる国民民主連盟（ＮＬＤ）という政党が圧勝したにもかかわらず、軍事政権はこれを無視。スー・チー氏を自宅軟禁したり、デモを弾圧したりしていました。

ヨーロッパやアメリカは、人権侵害などを理由に経済制裁を科してきました。ミャンマー製品の輸入を禁止したり、ビザ発給を制限したり、ミャンマーへの投資を禁止してきたのです。そのため、ミャンマーはＡＳＥＡＮ（東南アジア諸国連合）の中でも最貧国のま

ミャンマーの資源と
民主化の動きに世界が注目
ミャンマーの
ビッグ・ビジネス
チャンスを
逃すな！
インド
バングラ
デシュ
インド
ミャンマー
かつてのビルマ
ラオス
ヤンゴン
タイ
カンボジア
ベトナム
アメリカ
クリントン
国務長官
2011年末に
電撃訪問！
スー・チー
女史にも
歩み寄り
資源狙いも!?
アウン・サン・スー・チー
●アウン・サン将軍の娘
●1991年ノーベル平和賞受賞
●2010年まで
軍事政権により自宅軟禁
●2012年の補選で当選
テイン・セイン
大統領
上からの民主化
を進める

までした。

しかし、ようやく軍政から民政へ移行すると宣言。２０１０年11月に20年ぶりの総選挙を実施しました。ところが、国会では４分の１の議席があらかじめ軍人に振り分けられているというものでした。スー・チー氏率いるＮＬＤは、「こんなまがいものの選挙には出るべきではない」というスー・チー派と、「いやそれでも出る意味はある」という派に分裂します。選挙に出た人は若干当選したのですが、スー・チー氏はそもそも選挙をボイコットしています。

その選挙の後、大統領になったのは、元軍人のテイン・セイン氏。前政権を動かしていたタン・シュエ議長（国家元首）が、軍事政権から民政へ移管するとき、「選挙で選ばれた大統領」という形にしてテイン・セインをトップに据えたのです。民政へ移行する以上、自分がトップに居座ることはできないので、自分の言うことを聞くテイン・セインを大統領にして、院政を敷こうと思っていたのですね。

ところが、てっきり自分のイエスマンだと思っていた**テイン・セインが、あれよあれよという間に民主化への舵を取り始めます。**

政治犯をどんどん釈放したり、スー・チー氏に「一緒にやっていきましょう」と補欠選挙に出ることを勧めたりしたのです。スー・チー氏も、「テイン・セイン大統領は信頼できる」と発言。両者は急接近しました。

「本質は変わっていない」と見ていた国際社会も、これにはびっくりです。2012年4月に補欠選挙が行われると、スー・チー氏自ら立候補。45議席のうち43議席をNLDが獲得しました。スー・チー氏も当選を果たしました。ただし、今回の選挙はあくまで補欠選挙。NLDが圧勝しても、大勢に影響はありません。

しかしミャンマーにとっては民主化への大きな一歩といえます。これまではスー・チー氏の名前を公の場で口にすることもはばかられたのに、いまや主要都市ヤンゴンのそこかしこでスー・チー氏のポスターが売られています。新聞や雑誌が、スー・チー氏の写真を一面に掲載すると飛ぶように売れるのだとか。

■上からの急激な民主化に戸惑いも

いよいよアメリカが経済制裁を解除するのではないか……。解除されてからでは遅いということで、日本の商社などがどっとミャンマーに押しかけているのです。

これまでミャンマーは経済制裁を科され、援助してくれるのは中国くらいしかありませんでした。中国は、国境近くに巨大ダムを建設する予定でした。しかしそこで生産された電力の９割は中国へ送電される計画だったものですから、国民が反発。テイン・セインはその計画を中断することを決意して、国内外を驚かせました。中国に対して反感を持っていたミャンマー国民は喝采を送りました。

テイン・セイン大統領はどんな人か。ひと言でいえば、清廉潔白な人として衆目が一致しています。タン・シュエをはじめ、軍事政権の幹部たちは皆が汚職まみれなのに、テイン・セインやその家族は本当に身ぎれいなことで知られています。

それまでの政権の方針を翻し、弾圧されていた政敵に手を差し伸べる。この様子は、まるで南アフリカ共和国でアパルトヘイトを全廃、ネルソン・マンデラと和解した白人大統領フレデリック・ウィレム・デクラークとイメージが重なります。

ただ、こうした動きは国民から歓迎される一方で、**あまりに「上からの急激な民主化」に中間の人たちが右往左往しているの**も確かなようです。アラブの春は下（民衆）からの民主化ですが、ミャンマーはその逆です。また軍部がクーデターを起こすようなことがなければいいのですが。

■アウン・サン将軍は日本名を持っていた

ミャンマーが抱える問題には、130を超す少数民族との和解もあります。人口7割弱を占めるビルマ人に反発し、独立や自治権の拡大を求め武力闘争をしてきた少数民族カレン族もいるのです。

テイン・セイン政権は、こうした少数民族との和解も進めています。カレン族とは和解を実現しました。このまま順調に進めば、ミャンマーは発展の潜在性が極めて高い国です。ミャンマーの人はとても真面目で、穏やかなことで知られています。国の西部に住むベンガル族は、色が黒くてバングラデシュの人たちと同じ。明らかに日本人とは見た目が違うのですが、ビルマ人は顔も気質も日本人とそっくりです。

私なりの「その国が発展するかどうかの見方」は、大きな書店があるかどうか、そこに若者が大勢いるかどうかだと、『知らないと恥をかく世界の大問題1』（角川SSC新書）

で紹介しました。ミャンマーには、大きくはありませんが、書店があちこちにありました。さらに道路沿いで古本をたくさん売っていて、そこもにぎわっていました。

教育水準は高く、国民は真面目で、人件費は安い。経済力がつけば将来はマーケットとしても魅力的でしょう。

ちなみに、反日感情は全くありません。それどころか、ビルマが独立できたのは「日本人のおかげ」という思いがあるほどです。

ビルマは昔、イギリスの植民地でした。ビルマにはイギリスから独立したいと思う若者がたくさんいました。スー・チー氏の父親で「ビルマ建国の父」といわれるアウン・サン将軍もその一人です。

第2次世界大戦で日本がビルマを攻撃するとき、そこに目をつけ、その若者たち（のちに30人の志士たちと呼ばれる）を現在の中国の海南島（かつては日本領だった）へ連れていき、兵隊として軍事訓練をします。彼らはみんな、日本名を持ち、リーダーだったアウン・サン将軍は面田紋次《おもたもんじ》という名前でした。

その30人をビルマ独立軍とし、日本軍はビルマ独立を助けるという名目でビルマに攻め入ります。日本軍は中華民国の蔣介石《しょうかいせき》を支援する「援蔣ルート」を遮断するため、ビルマを占領しようと考えたのです。中には、本気でビルマを独立させたいと思っていた日本兵もいましたが、彼らは映画『アラビアのロレンス』と同じように裏切られるのです。

いったんビルマに攻め込んだ日本軍は、形式的にはビルマの独立を認めながら、実際には日本の植民地として扱いました。

30人の志士たちは頭にきて、今度はイギリス軍と連絡を取り、イギリス軍とともに日本兵を追い出します。しかし、30人の志士たちを育てた日本兵だけは助けました。

かつてアウン・サン将軍の部下だったというNLDの幹部にミャンマーで会いましたが、「私は日本軍の一等兵でした」と言って、「海ゆかば〜」と軍歌を歌い出したのには驚きました。

■夫より祖国を選んだスー・チー女史

アウン・サンは独立直前に暗殺されます。娘のスー・チー氏は、そのときまだ2歳でした。その後、イギリスへ留学し、イギリス人と結婚し、夫とともにイギリスで暮らしていました。

１９８８年、ちょうど母親の病気の看護のために里帰りをしていたとき、ビルマでそれまでの軍事政権に対する民主化運動が起こります。

父親の墓参りにアウン・サン廟に出かけたスー・チー氏の様子が地元の新聞に報じられると、「将軍の娘がいる」ということになり、民主化運動の集会に呼ばれて行ったら、一挙に看板になってしまったのです。

彼女は政治的には何の実績もない、アウン・サン将軍の娘というだけでした。しかしイギリスにいる夫の病気がいよいよ悪いというときも、イギリスに帰りませんでした。軍事政権が「見舞いに帰っていい」と言うのに、出国したら再入国拒否で二度と戻れないだろうと、祖国にとどまりました。夫よりも祖国を選んだのです。１９９１年、ノーベル平和賞を受賞したときも、授賞式には二人の息子が代理で出席しました。

こうして、スー・チー氏はミャンマーの国民に熱狂的に支持されるようになったのです。

ミャンマーは、いままさに過渡期。**民主化の道のりは長いかもしれませんが、極めて大きな可能性を秘めた国**です。

■台湾は中国に呑み込まれるのか？

2012年1月、台湾総統選挙で国民党の馬英九《ばえいきゅう》総統が再選を果たしました。台湾で総統の直接選挙が行われたのは今回が5回目。3人が立候補しましたが、事実上、馬英九総統と民進党の蔡英分《さいえいぶん》主席の一騎打ちでした。

それぞれの違いをひと言でいえば、国民党は「中国と協力していこうという融和路線」を掲げる党です。一方の民進党は、台湾独立という本音を持ちながら、それを表に出すと中国を刺激するとして、「中国とは距離を置いた独自の路線」を掲げています。

今回の選挙結果から、**台湾の人々は、「中台関係を重視したほうがいい」という選択をした**といえるでしょう。

馬英九総統は2008年の就任直後から中国との関係改善に乗り出し、航空機や船舶の直行便を増やしたり、中国人観光客の台湾訪問を解禁したり、中国との間で16の合意文書に調印したりしました。

その結果、中国との関係が親密になり、前の民進党・陳水扁《ちんすいへん》政権時代の緊張関係は劇的に改善しました。

ただ、馬英九総統は対中政策に関しては「独立せず、統一せず、武力を用いず」が基本路線だと言っています。中国に呑み込まれるのはイヤだけど、経済的なメリットは引き出したいということでしょうが、果たしてうまくいくかどうか。

ただ、国民党の総統が続くことで、中国と台湾はますます一体化するでしょう。

■朝鮮半島の南北統一はなるのか？

中国と一体化といえば、金正恩《キムジョンウン》体制になった北朝鮮もそうですね。ところで、韓国は北朝鮮との関係をどうしたいと思っているのでしょうか。

確かに、以前は統一ブームが盛り上がったこともありました。しかし韓国は東西ドイツが一緒になったのを見て、「これはダメだ」と思ったのです。当時、西ドイツは日本と並び、トップクラスの先進国でした。一方、東ドイツは社会主義国の中で最も経済が発展していた国でした。しかし、一緒になったら、東ドイツの経済は悲惨なもの。旧東ドイツを助けるため、旧西ドイツは大変な苦労をすることになりました。

韓国は経済的には豊かですが、まだ世界のトップクラスとはいえません。片や北朝鮮は

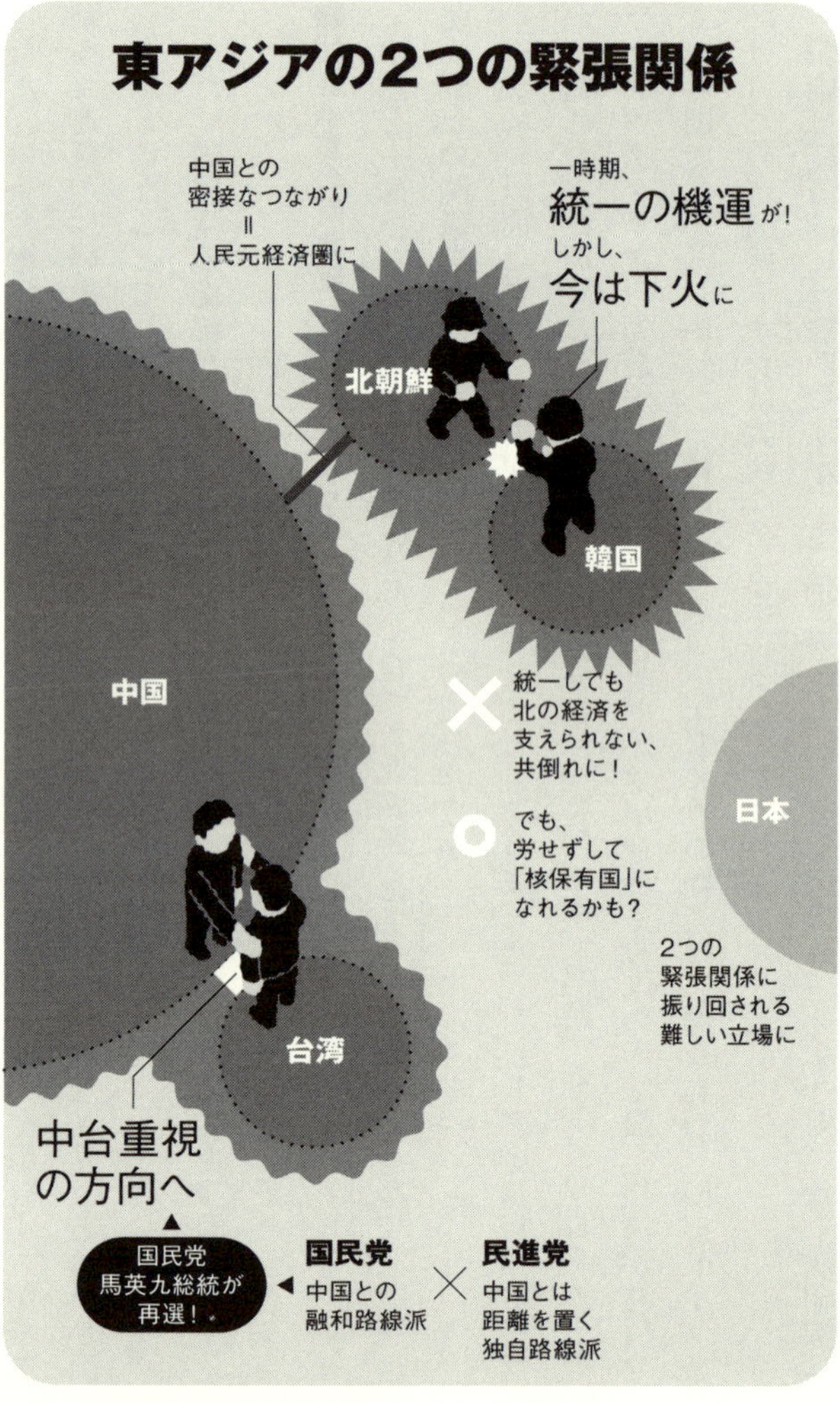
東アジアの2つの緊張関係
中国との
密接なつながり
＝
人民元経済圏に
一時期、
統一の機運が！
しかし、
今は下火に
北朝鮮
韓国
中国
統一しても
北の経済を
支えられない、
共倒れに！
でも、
労せずして
「核保有国」に
なれるかも？
日本
2つの
緊張関係に
振り回される
難しい立場に
台湾
中台重視
の方向へ
国民党
馬英九総統が
再選！
国民党
中国との
融和路線派
民進党
中国とは
距離を置く
独自路線派

社会主義国の中で最貧国です。西ドイツが東ドイツを抱え込んで大変な目にあったのですから、**韓国では絶対に北朝鮮を支えられない**ということがわかっています。現状維持がいちばん。短期的には南北統一はありえないでしょう。

ただ、韓国は北朝鮮と統一すると「核保有国」になれます。自国が核保有を進めようとするとアメリカなど周辺から反対されますが、**統一朝鮮になれば、労せずして核保有国になれる。**そうなったら、中国や日本の勝手にはさせないですむ。本音では、そんな思いを抱いています。ですので、韓国は北朝鮮の核開発に、本気では反対していないでしょう。日本にとっては、これも脅威です。

第6章　エネルギー、人口、温暖化問題が深刻に

■原発事故が大きな影響を与えた温暖化問題

福島で起きた原子力発電所（原発）の事故は、世界中に大きな衝撃を与えました。これまで、**原発は二酸化炭素を出さない、コストも安い、“夢のエネルギー”といわれていました。**日本は発電量の3割を原子力に頼っていました。しかし事故後は、世界で「脱原発」を宣言する国も出てきました。

ドイツはさっそく脱原発を打ち出しました。発電所の寿命がきたら順番に停止し、新しい原発は造らないという方針です。ただ、ドイツは原発大国フランスから電気を買っているという事情があるのですが。

ドイツの隣のオーストリアは原発を建設し、さあ運転というとき、1978年、反対運動から可否を問う国民投票で反対が過半数を獲得して見送られました。運転はしないまま、その後は一切造らないと決めました。「ドイツのように、他の国の原発で作った電気を買うのは偽善じゃないか」との声もあることから、オーストリアは「原発で作られた電力は他国から買わない」との目標を掲げました。これはかなり大変なことです。

しかし、日本は周辺の国から輸入することができません。

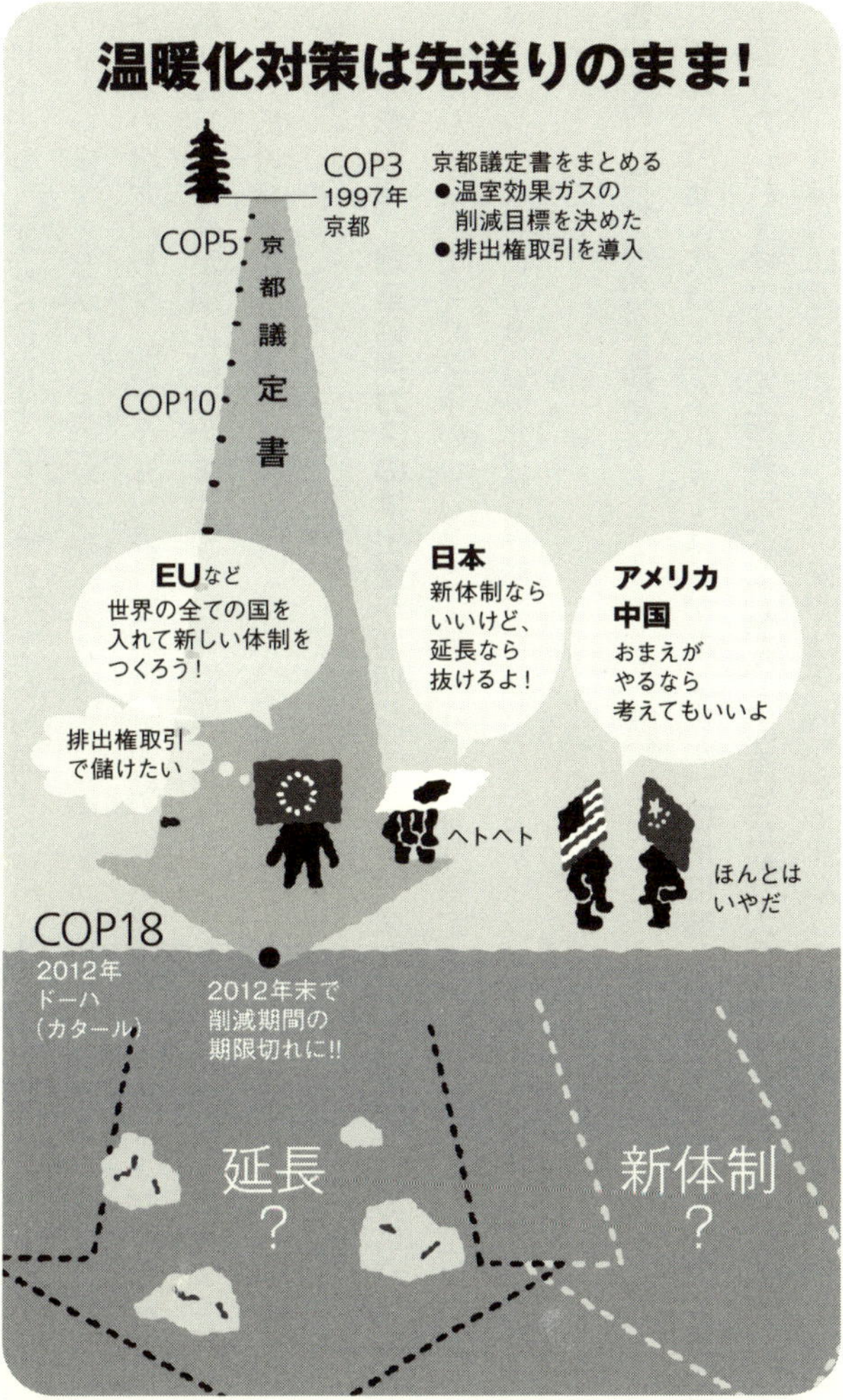
温暖化対策は先送りのまま!
COP3
1997年
京都
京都議定書をまとめる
●温室効果ガスの
削減目標を決めた
●排出権取引を導入
COP5
COP10
京都議定書
EUなど
世界の全ての国を
入れて新しい体制を
つくろう!
排出権取引
で儲けたい
日本
新体制なら
いいけど、
延長なら
抜けるよ!
ヘトヘト
アメリカ
中国
おまえが
やるなら
考えてもいいよ
ほんとは
いやだ
COP18
2012年
ドーハ
(カタール)
2012年末で
削減期間の
期限切れに!!
延長
?
新体制
?

日本でも「原発に依存するしかない」という議論はあります。「すぐに止めるべき」と言う人いいます。しかし、どんな意見があろうと、「脱原発」に進みつつあります。日本には54基の原発があり、運転から13カ月たつと、順に定期点検をしなければなりません。事故が起きる前に定期点検で止まっていた発電所は再開できず、事故後は次々に止まってい て、大飯《おおい》原発を再稼働させるかどうかが大きな政治問題になっていますが、実質的には「脱原発」です。

この影響で、温室効果ガスの排出量が増加しています。２０１２年度も増加は避けられないでしょう。１９９７年のＣＯＰ３で採択された京都議定書の削減目標（日本は２００８〜２０１２年に１９９０年比６％減）を達成できるかどうか不透明な状況です。

■中期的には地熱発電に期待

では、原発に代わるエネルギーは何があるのか。**環境に最もやさしいのは太陽光、風力、小型水力、バイオマス（生物資源）、地熱などの再生可能エネルギーといわれるもの**です。

ただ、太陽光は天候に左右され、夜間は発電できません。それに東京で使う電力を全て太陽光で賄おうとすると、山手線の内側の広さ全てに太陽光パネルを敷き詰めなければなりません。面積当たりの発電量が少なく、効率が極めて悪いのです。

風力発電も日本中に巨大な風車を建てなければなりません。人間の耳には聞こえない低周波の音で、不眠やノイローゼなど健康被害の問題もあります。風力発電大国のオランダは、遠浅の海があり、人が住んでいるところから離れた場所に風車を建てているので問題がないのです。日本の海ではそうはいきません。バイオマスも供給量が限られてきます。

自然エネルギーは素晴らしいのですが、必要な電力全てを賄うことはできず、結局、**短期的には火力発電に頼らざるをえません。**

中期的には、地熱発電が期待できます。日本は火山国なのでマグマがたくさんあります。温泉は地下からマグマが上昇し、地下水が温められてお湯になっているのです。熱せられた水蒸気を取り出し、タービンを回せば発電ができます。日本国内ではすでに地熱発電所も建設されています。地熱エネルギーは莫大で、二酸化炭素も出しません。

ただ、地熱がある場所は、温泉地に集中しています。マグマによって熱せられた熱水や水蒸気を取り出すと、温泉が枯れてしまうのではないかと温泉街が反対しがちです。

また、火山がある場所はたいてい国立公園になっていて、開発が規制されています。これが、これまで地熱発電所の建設が進まなかった理由ですが、ここへきて、規制を緩和し、地熱発電所を積極的に建設しようという動きが具体化してきました。

しかし、地質調査をして掘り始めるまでには時間がかかります。これが、中期的な展望と私が言う理由です。

■変わる世界のエネルギー地図

いま世界で注目されているのが、**「シェールガス」と呼ばれる天然ガス**です。燃やしても、石油や石炭ほど二酸化炭素が出ない。石油に比べると相対的にクリーンだといわれています。従来の天然ガスは地表から穴を掘り、ガス田に当たればガスが噴き出してきました。

シェールガスは、これとは別に、もっと地中深いところにある「シェール層」から採れるガスです。シェールとは「頁岩《けつがん》」のことで、ちょうど本のページのように1枚1枚はがせるような薄い岩からできています。この間にガスがうっすらと入っています。お菓子の

「ミルフィーユ」を想像してもらうとわかりやすいかもしれません。

ここにガスがあることは以前からわかっていましたが、技術的に取り出すのが非常に難しかったのです。ところが技術革新により採掘可能となり、コストも在来型の天然ガス並みになって、２００６年ごろからアメリカで商業生産が本格化しています。

地上からシェール層（アメリカの例で１０００～３５００ｍの深さ）まで掘っていき、シェール層に入ると、今度は横に掘り進み、振動させてシェール層にひびを入れ、パイプに流れ込んだガスを一気に地上に噴出させます。

このシェールガスがどれくらいあるのかというと、**アメリカの場合、在来型のガスと合わせて１００年分。**つまり今世紀中は大丈夫ということです。さらに、ヨーロッパ、アフリカ、南米、中国でも大量に見つかっています。

アメリカの技術を使えば、世界中で取り出すことができるのです。

これにより、世界のエネルギー地図が塗り替わりつつあります。**アメリカは輸入資源への依存から脱却し、天然ガスと石油の双方で、世界最大級の産出国として復活する可能性も**出てきました。一方、ロシアや中東産油国の影響力はこれまでより低下するでしょう。

■日本もエネルギーを自給できる

日本にはシェールガスはないのか。残念ながらありません。ただ、日本列島の周辺には、**メタンハイドレート**があることがわかっています。これは**深海で天然ガス（メタンガス）が固まったもので、「燃える氷」と呼ばれています。**紀伊半島の南側、新潟県沖合、能登半島の沖合の海底に、メタンガスが氷の結晶となって大量に眠っているのです。経済産業省によれば、日本近海には、日本国内のガス使用量の100年分が埋蔵されているということです。

2012年2月から、独立行政法人の石油天然ガス・金属鉱物資源機構（JOGMEC）が、愛知県の渥美半島沖で試験掘削を始めました。政府は2018年度の商業生産を目指しています。ただ、採掘技術が確立されていないことや、採掘にコストがかかることが、解決すべき課題として残されています。

脱原発になるかどうかはともかく、日本は**短期的には火力発電**に頼らなくてはなりません。それは**海外から天然ガス**を輸入することで賄えます。**中期的には、国内の地熱発電と日本近海のメタンハイドレート**があります。こうして時間を稼ぎながら、将来的には太陽光や風力といった再生可能エネルギーで賄えないか。**長期的なエネルギー戦略を持って、将来の日本を考えていかなくてはなりません。**

■世界の人口70億人突破をどう見る

世界最大の問題は人口問題です。２０１１年10月、世界の人口が70億人を突破しました。１９５９年には30億人だったといいますから、わずか半世紀で２倍以上に増えたことになります。**世界の人口は今世紀中には１００億人を超えるという試算も**あります。

これほどまでに急増した原因は何なのか。**最大の原因は、乳児死亡率が下がったこと**です。かつての日本もそうですが、開発途上国の女性はたくさん子どもを産みます。それは医療水準が低かったり、公衆衛生が充実していなかったりで、「10人産んでも、８人育たない」ということが普通だったからです。たくさん産まないと生き残らない。「せめて一人でも生き残るように」と多産になるのですね。

アフリカなどでは、生後１年たたないと名前をつけないなどという地域もあります。つまり１歳まで生き残れる子が少ないのです。

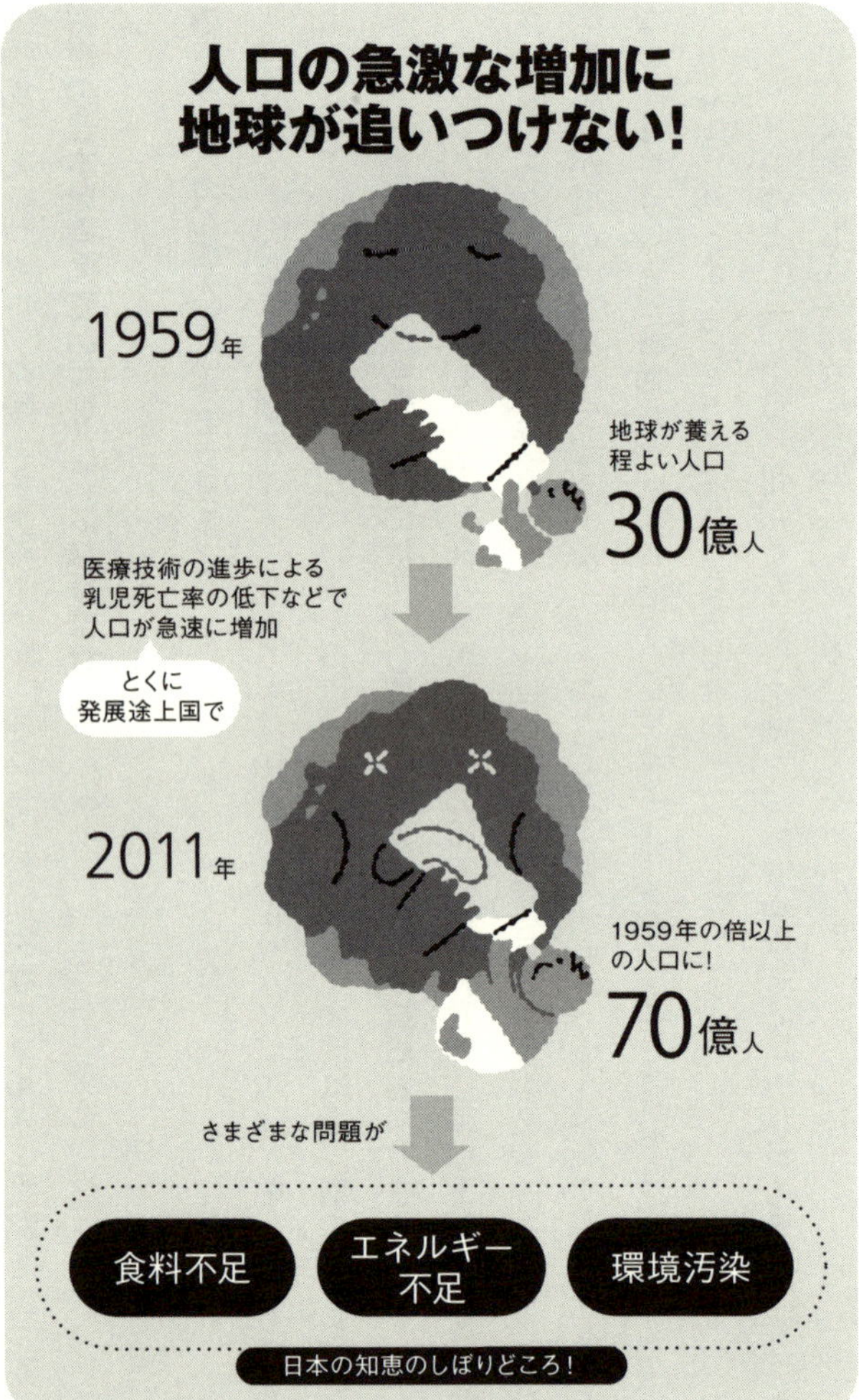
人口の急激な増加に
地球が追いつけない!
1959年
地球が養える
程よい人口
30億人
医療技術の進歩による
乳児死亡率の低下などで
人口が急速に増加
とくに
発展途上国で
2011年
1959年の倍以上
の人口に!
70億人
さまざまな問題が
食料不足
エネルギー
不足
環境汚染
日本の知恵のしぼりどころ!

ところが、医療事情がよくなり、乳児死亡率が下がると「10人産んで8人が生き残る」という状態になるわけですから、人口が増えます。

発展途上国がいままさにその途中段階なので、人口が爆発的に増えているのです。

とくにアラブ諸国などは、その典型です。アラブ諸国は石油のおかげでお金が入り、医療や社会保障が改善され、急激に乳児死亡率が下がりました。そのため、若年層が人口に占める割合が非常に高くなっています。日本は老人大国ですが、アラブ諸国は若者大国なのですね。

すると何が起こるか。彼らの仕事が準備できないと、失業率が高くなります。**失業した若者が多い国は政治的に不安定になり、政治改革運動が起こる。**「アラブの春」など、まさにそれです。

人間が長く生きられるのはいいことですが、問題は、それだけの人間を養えるかどうか。食料不足やエネルギー不足、環境汚染の問題を解決できるかどうか。

いま、**われわれが持っている資源、エネルギー、食料は、せいぜい人口30億人台で暮らすのがやっとといわれています。**ということは、現在も世界の半分が飢えているのです。

それが貧富の格差の拡大や戦争を生んでいます。社会的不平等に怒った国民が立ち上がるのは「パンが食べられなくなったとき」。

日本は少子高齢化が進み、経済がジリ貧になる中で、世界で起こっているこうした問題解決に英知を結集すればいいのではないか。

それによって、**貧しい状況から脱する人が増えれば、巨大なマーケットが出現します。**

そうすればまた、日本経済にとってチャンスが広がるのです。

エピローグ　私たちが進むべき道

■私たちは皆「福島県民」だ!

２０１１年８月に行われたベルギー・ジュピラーリーグでのサッカーの試合中、日本人ゴールキーパーの川島永嗣選手に対し、相手チームのサポーターから「カワシマ、フクシマ」コールが起こり、川島選手が抗議、試合が一時中断したことがありました。川島選手は「自分のことなら許せるけれど、冗談ではすまされない」と激怒し、試合後のロッカールームで涙を流したとか。

川島選手の気持ちはよくわかります。しかし、日本国内でも、被災地の松を送り火に使わないとか、首都圏では「福島ナンバーの車お断り」の張り紙をしたスタンドもあったと聞きます。被災地からのがれき処理受け入れを拒否する自治体も多く、がれき処理はなかなか進みません。福島から転校してきた子どもがいじめられた話を聞くと、同じ日本人として情けなくなります。

１９６３年６月、当時の西ベルリンを訪れたアメリカのケネディ大統領は、西ベルリン市民に向かって、次のように演説しました。「その人がどこに住んでいようと、自由を愛する全ての人々は、ベルリン市民である。ゆえに私は、誇りを持って言う。私たちはベルリン市民だ」。最後はドイツ語で「Ich bin ein Berliner」と言いました。

　この発言に、西ベルリン市民は熱狂しました。東側が突然建設した「壁」によって、東西に分割され、東ドイツの中で孤立する西ベルリン市民に対して、**ケネディは「私はベルリン市民だ」と言い切ることで、連帯と支援を表明した**のです。

　2001年9月、アメリカで起きた**同時多発テロ事件の後、ドイツでは「私はニューヨーク市民だ」という看板が登場しました。**

　ケネディが演説のとき言った「私はベルリン市民だ」の言葉にお礼を返すとともに、自分たちもまた連帯と支援を表明したのです。

　日本人はこの国難に立ち向かうため、**皆が「われわれは、福島県民だ」と宣言するくらいの気持ちを持たなければいけない**のではないでしょうか。

■東大が秋入学にシフト

　グローバル化の流れは、教育の現場にも押し寄せています。東京大学が、春入学を廃止し、国際基準である秋入学にシフトする方針を明らかにしました。これには賛否両論があるようですが、なぜ秋入学を実施しようというのか。

文部科学省の調べでは、世界２１５カ国中、９月か10月の秋入学を実施している国が７割近くを占め、４月入学の国は日本やインドなど７カ国にすぎません。グローバル化が進み、国際的に人が行き来する時代なのに、４月入学では学生や教員の国際交流を制約してしまうというのです。

たとえば、イギリス・ケンブリッジ大学は10〜12月が1学期。１〜３月が２学期。４〜６月が３学期です。アジアでも、中国やインドネシアは９月入学を採用しています。

こうした中、東大の国際ランキングは下がり続け、ある世界大学ランキングでは２００４年には世界12位だったものが、２０１１年は30位まで下がってしまったとか。このままだと、ますます下がってしまうのではないかとの危機感があります。

もうひとつは、学生の質の低下に対する危機感です。経営的なことを考えると、少子化に伴って定員を削るより、定員は維持したい。そのうえで学力を下げないためには海外からの優秀な留学生が頼みの綱なのです。

では、そもそも日本はなぜ４月入学なのでしょう。

昔は農業、とくに稲作が経済の中心だったので、米作りの準備を始める4月を年度の始まりとしたという説もあります。

明治時代の初期は、日本の学校も西欧化政策の下で9月入学でした。

ところが明治19年（1886年）に政府の会計年度が4月始まりになると、国からの補助金を受けている学校はこれに合わせざるをえず、まず高等師範学校が、次に小学校が4月入学を導入、続いて中学校が4月入学を導入しました。その後、進学率が高くなってくると、大学だけが9月入学を維持することが難しくなり、大正時代になると旧制高校や帝国大学もすべて4月入学にシフトしたという経緯があります。

1980年代、臨時教育審議会で9月入学が検討されたこともありましたが、「やはり入学式は桜の下で」という意見も多く、導入には至りませんでした。

ただ、秋入学に移ると問題が起きます。高校は春入学・春卒業ですから、入試の日程はこれまでどおりです。すると合格者は、高校卒業から大学入学までの半年間、宙ぶらりんの状態になってしまいます。9月に入学した学生は卒業が6月になるため、入社までの約半年間も合わせると**1年間の「ギャップイヤー」が生まれる**のです。

今回の東大の方針は、他の大学や企業の採用活動にどんな影響をもたらすのか。

秋入学の実施時期は、まだ決まっていません。しかし学内手続きを考えると5年程度かかるとのこと。**最も早く実施されたとしても、5年後の2017年**ということになります。

こんなところにも、グローバル化の波ですね。

■アメリカに見る草の根民主主義

2012年1月、大統領選挙を取材するためにアメリカのアイオワ州に行ったとき、高校で行われた「模擬選挙」の様子を見てきました。模擬選挙とは、実際の選挙に合わせ、**まだ投票権を持たない高校生にも実際の候補者に投票をしてもらおうという取り組み**です。

NGO（非政府組織）が本物の候補者を呼び、候補者は「私に入れてください」と高校生の前で演説をするのです。

アメリカは18歳になると投票権が与えられます。まだ17歳でも、選挙が行われる2012年の11月6日までに18歳になっていれば有権者です。つまり、その学校で何割かの生徒は、自分に投票してくれる可能性があるのです。

その高校で圧倒的な支持を集めたのは、共和党の下院議員のロン・ポール氏でした。ロン・ポール氏は「リバタリアン」です。リバタリアンとは、徹底した自由主義者のこと。政府の機能は最小限にとどめ、個人の自由を最大限に尊重すべきという考え方です。全ての規制はいらない。ＦＲＢ（連邦準備制度理事会）もいらない。海外援助など一切しなくていい。アメリカ政府は世界に干渉すべきではない。だからアメリカ軍は全て撤退させる。アメリカ軍はアメリカだけ守ればいい。国連からも脱退すべき……と、過激な主張なのですが、彼が圧勝したのです。

ロン・ポール氏の選挙運動のためにアイオワまでやってきたオハイオの大学生に、「アメリカ軍が世界の警察をやめると、国際情勢が不安定になるという意見もあるけど、どうですか？」と質問すると、「じゃあ、日本はアメリカ軍にいてほしいのですか？」と逆に聞かれました。「いい質問ですね～」と思わず言いたくなりましたが。

大学生の彼は「日本は偉大な国なんだから、自分で守ればいい。韓国だってそう。イスラエルも中東で最大の軍事国家なんだからアメリカが守る必要はありません」とキッパリ。そうすれば軍事費が削減できる。税金も減らせるというわけです。

ロン・ポール氏はもう76歳ですが、極めてわかりやすい点が高校生に受けたのでしょうか。ロン・ポール氏が大統領になれば、若者が海外の戦場に送られる恐れはなくなります。こんなところも魅力のようです。

こんな貴重な体験をしながら、今回の取材で、アメリカ人がなぜ政治意識が高いのかが、わかった気がします。**選挙は民主主義の土台です。それを教育現場で実際に体験しながら、政治について学ぶことができる。**18歳で投票権を手に入れられるとなると、高校生が真剣に政治を考えるようになります。

日本でもこういった取り組みが普及するといいですね。

■ブータンに見る幸せの尺度

東日本大震災を経験し、「幸せ」の価値観や人生観が大きく変わったという人は多いようです。2011年11月には、「**GNH（国民総幸福量）**」を国の発展の指標としているブータンの国王夫妻が来日され、「経済発展ばかりを追い求めていいのだろうか？」とあらためて考え直した人も多いのではないでしょうか。

GDP（国内総生産）は〝豊かさを測るモノサシ〟といわれます。ブータンは決して豊かな国とはいえません。2010年度のGDPで見ると161位。アジア諸国では最も貧しい国のひとつです。それなのに国民の約97％が「幸せだ」と答える。

日本のGDPは「中国に抜かれた」といっても、世界3位です。

でも、**GDPを豊かさの基準としていいのか、という疑問は以前から出ていました。**たとえば、自動車が増加することはGDPの増加につながります。車が増えれば、交通渋滞が激しくなり、時間は無駄になるし、大気汚染も広がります。しかし、それでガソリンの使用量が増えると、またGDPが増えるのです。

家族だんらん、家で食事をするとGDPはそれほど上がりませんが、家族がバラバラでも外で食事をすれば、それもGDPが増えることになります。

それって、何かヘンですよね。

■日本はいま「自分探し」「幸せ探し」をしている

内閣府は、「幸福度指標試案」を公表しました。日本でも幸福度を指標化して、日本のよい点、悪い点を明らかにし、国民の幸福度をあげていこうというのです。

自殺者が年間3万人もいる日本は、経済的には豊かでも「幸せ度」は低い国なのかもしれません。ちなみに、自殺率がいちばん低い国はギリシャです。

2009年には、フランスのサルコジ大統領が経済発展の指標に「幸福度」を盛り込む方針を打ち出しています。イギリスも幸福度の計測を検討中。実は、北朝鮮も独自に「国民幸福度指数」なるものを発表していて、それによると中国が1位で、2位が北朝鮮という結果になっているのですが……、これはご愛嬌というよりは、ブラックジョークですね。

そもそもGNHを提唱したのは、ブータンの先代の国王、ジグミ・シンゲ・ワンチュクです。先代の国王は、王制だったブータンの政治改革に取り組みました。国王が全権を握っていると、とんでもない〝ボンクラ〟が国王になったら大変なことになる。議会制民主主義を導入して、国民から選ばれた代表が政治を担うべきだと国民を説得したのです。

このとき国民は「国王に引き続き政治の実権を握ってほしい」と直訴したといいますから、**「アラブの春」とは正反対。上からの民主主義ですね。**

しかも51歳でさっさと国王の座を皇太子（現在の国王であるジグミ・ケサル・ナムゲ

ル・ワンチュク）に譲り、自分は引退したのですから、どこかの国のトップとは大きな違いです。

ブータンの国民はチベット仏教の教えを大切にし、人々の絆を大切にする国民だそうです。経済的な豊かさよりも、心の豊かさや伝統的な社会・文化、自然を大切にする。

ただ、ブータンの国民は外の世界を知らないから、自分たちは幸せだと思えるともいえる部分もあるような気がしますが。

日本はこれまで、「社会保障制度はヨーロッパをお手本に」「経済はアメリカをお手本に」と、**常にどこかの国をお手本にしてきました。そしてついに目標を失い、「ブータンを目標に」と言い出しました。**

日本はいま、**国として「自分探し」「幸せ探し」をしている**のかもしれません。

■2011年、日本は世界一の被援助国に

これまでの世界の多くは、アメリカが支えてきました。日本のみならず世界がアメリカの力に依存してきました。しかしそれがいま、根本的に崩れ、**リーダーなき時代に突入し**

たといえます。

日本にはどんな選択肢が残されているのか。

2011年は、これまで支援する立場だった日本が支援される立場になりました。日本には世界各国の政府やNGOから義捐金が寄せられ、スーダンを抜いて、世界第1位の被支援国になったのです。

私たちは世界から支えてもらいました。とりわけ台湾では日本への援助活動が活発に行われました。台湾は、本当に親日です。驚いたことに、北朝鮮の赤十字からも支援が行われているのです。

イラクは日本の原発が止まり、火力発電に頼らざるをえなくなる場合、「原油輸入に関わる日本政府の求めに応じる準備がある」と表明してくれました。モルディブからは、ツナ缶60万個が寄付されました。

経済的に苦しい中で、自分たちができることを、一生懸命にやってくれたのです。

私はかつて「日本がODA（政府開発援助）額世界一」というニュースを聞いたとき、誇りに思った覚えがあります。しかし、その後はバブルがはじけ、日本のODAはみるみる減っています。

一方、アメリカは2001年以降、急激に援助額を増やしています。それは2001年9月の同時多発テロをきっかけに、**世界の貧しい国や混乱している国はテロリストを生みやすくなる。そういう国の発展を援助していくことが、自分の国のためになる**だろうと考えて、戦略的に金額をどんどん増やしているのです。

■「情けは人のためならず」に見る、日本らしい戦略を

日本は借金大国なんだからODAを増やしている場合じゃない、震災後の大変な時期に他の国に支援している場合じゃない、という意見もあるでしょう。

「**情けは人のためならず**」という言葉があります。これは「情けを人にかけると、その人のためにならない」という意味だと勘違いしている人も多いようですが、「**情けは人のためではなく、いずれは巡って自分のところに返ってくる**」という意味です。

日本は戦後、東南アジアに大変な援助をしてきました。その結果、東南アジアの経済が発展し、そのことで日本のASEAN（東南アジア諸国連合）向けの貿易、輸出額が増え

ました。

　他の国に援助をすることが、自分の国にとってやがて利益になるのです。

　開発途上国の問題はグローバルな問題です。開発途上国が自立できるような支援をしていくこともまた、日本にとって大事なことという発想の転換も必要なのではないでしょうか。

■私たちのなすべきこと

　この本では、民主国家とは何か、独裁国家とは何か、民主主義とは本当に素晴らしいのか、考えてきました。

　独裁国家でも立派な憲法があり、立派な法律があるところもある。あるいは選挙制度が成立している国もある。しかし、その運用によって独裁国家になっている国もたくさんある。そう見るとまさに、**国民の努力によって民主主義というのは守られる**んだという思いを強くします。

　憲法があって法律がある、選挙があるからそれでいいというわけではありません。

翻って、わが日本はどうでしょう。民主的な制度はあります。でも果たしてそれは機能しているのでしょうか。立派な政治は行われているのでしょうか。

そもそも、私たち一人ひとりの努力によって、民主主義は守られ、進んでいく。それをあらためて確認しましょう。

福沢諭吉は「**一身独立して一国独立す**」と言いました。つまり「**個人の独立（自立）なくして、国家の独立はない**」ということです。これは**民主主義の原点を表している言葉**だと思います。

私は海外取材から日本に帰ってくるたびに、日本人でよかったと痛感するのです。こんなに治安がよくて、食べ物がおいしくて、四季が美しい国はない。それに、選挙で強制的に誰かに投票させられることもない。

この日本をどうしていけばいいのか、考えてみてください。

日本の未来を担うのは、あなたです。

おわりに

『知らないと恥をかく世界の大問題』が出版されたのは2009年11月のこと。幸いなことに多くの読者に受け入れられ、とうとうシリーズ第3弾が出ることになりました。いまになって読み返しますと、その時々の国際情勢がわかります。と同時に、過去の時点での情勢が、その後どのように変化したかを知ることで、現代がよりよくわかる働きをしているように思えます。

このシリーズでは、日本と世界が直面している課題を取り上げ、その問題が生まれるきっかけになった歴史を解説しています。読者の皆さんは、それを知ることで、事態とどう向き合うべきか、ヒントが得られるのではないかと思います。

正直な話、ここで取り上げられているテーマや事実を知らなくても、人前で「恥をかく」ことはないとは思いますが、読み進んでいくうちに、「ああ、これは知らなかった。知らないままでいたら、将来恥をかくことになるかもしれない」と内心冷や汗をかくようなことはあるのではないかと思っています。

２０１２年４月から、私は東京工業大学で教えるようになりました。理系の学生に社会科学的な素養を身につけてもらおうというのが、私に与えられた仕事です。技術立国・日本を支えることになる若者たちに、「これだけは知っておいてほしい」という内容を講義していきます。

この本は、もちろん理系の大学生だけを対象にしたものではなく、一般の読者向けですが、現代に生きる人間として、「これだけは知っておいてほしい」という願いを込めた点では、同じ気持ちです。少しでもお役に立てれば幸いです。

これまでのシリーズと同様に、角川マガジンズの辻森康人さんと、八村晃代さんにお世話になりました。

２０１２年４月

池上　彰

編集協力／八村晃代
イラスト／斉藤重之
帯写真／村越将浩

著者略歴

池上　彰（いけがみ・あきら）

ジャーナリスト。東京工業大学教授。1950年、長野県松本市生まれ。慶應義塾大学卒業後、1973年、NHKに入局。1994年から11年にわたり「週刊こどもニュース」のお父さん役として活躍。2005年よりフリーに。今さら聞けないニュースの本質をズバリ解説。『知らないと恥をかく世界の大問題』『知らないと恥をかく世界の大問題２』（ともに角川SSC新書）が大ヒット。エネルギー問題、環境覇権争いに迫った、手嶋龍一氏との対論本『武器なき〝環境〟戦争』（池上彰・手嶋龍一著／角川SSC新書）も好評。

角川SSC新書 153

知らないと恥をかく
世界の大問題３

2012年5月25日　第1刷発行

著者　池上　彰
発行者　馬庭　教二
発行　株式会社 角川マガジンズ
〒105-8455　東京都港区虎ノ門2-2-5　共同通信会館4階
編集部　電話03-5860-9860
発売　株式会社 角川グループパブリッシング
〒102-8177　東京都千代田区富士見2-13-3
販売部　電話03-3238-8521
印刷所　株式会社 暁 印 刷
装丁　Zapp! 白 金 正 之

ISBN978-4-04-731576-1

落丁、乱丁の場合は、お手数ですが角川グループ受注センター読者係までお申し出ください。送料は小社負担にてお取り替えいたします。

角川グループ受注センター読者係
〒354-0041
埼玉県入間郡三芳町藤久保550-1
電話049-259-1100（土、日曜、祝日除く9時～17時）